Power Stone Story

石が教えてくれたこと

人って本来は願ったら
叶うようにできているのかもしれない

鈴丸祥子

ライトワーカー

本書に登場するパワーストーンたち

①初めて作ったブレスレット

②モスコバイトのタンブル

③セレスタイトのネックレス

④トマスゴンサガ産水晶

⑤ターコイズ

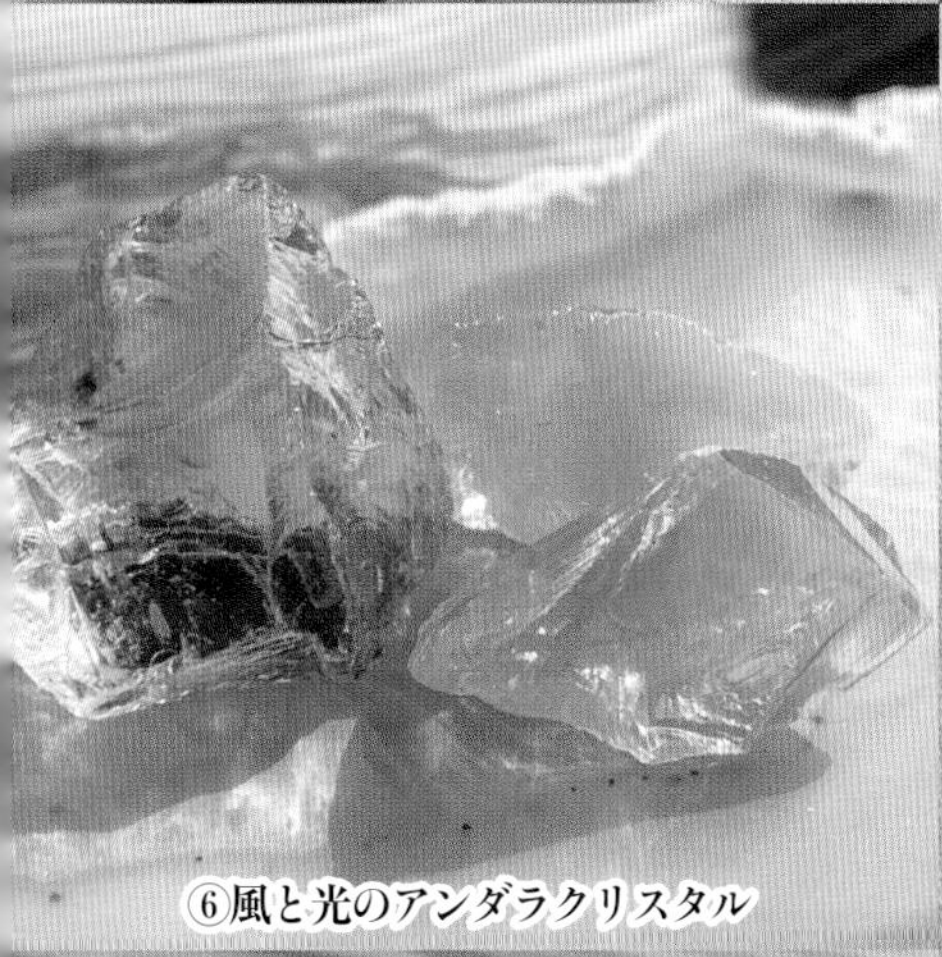
⑥風と光のアンダラクリスタル

⑦赤いアンダラクリスタル

⑧ピンクトルマリン

⑨国産モリオンの成長痕

⑩リビアングラス

⑪ロシア産フェナカイト

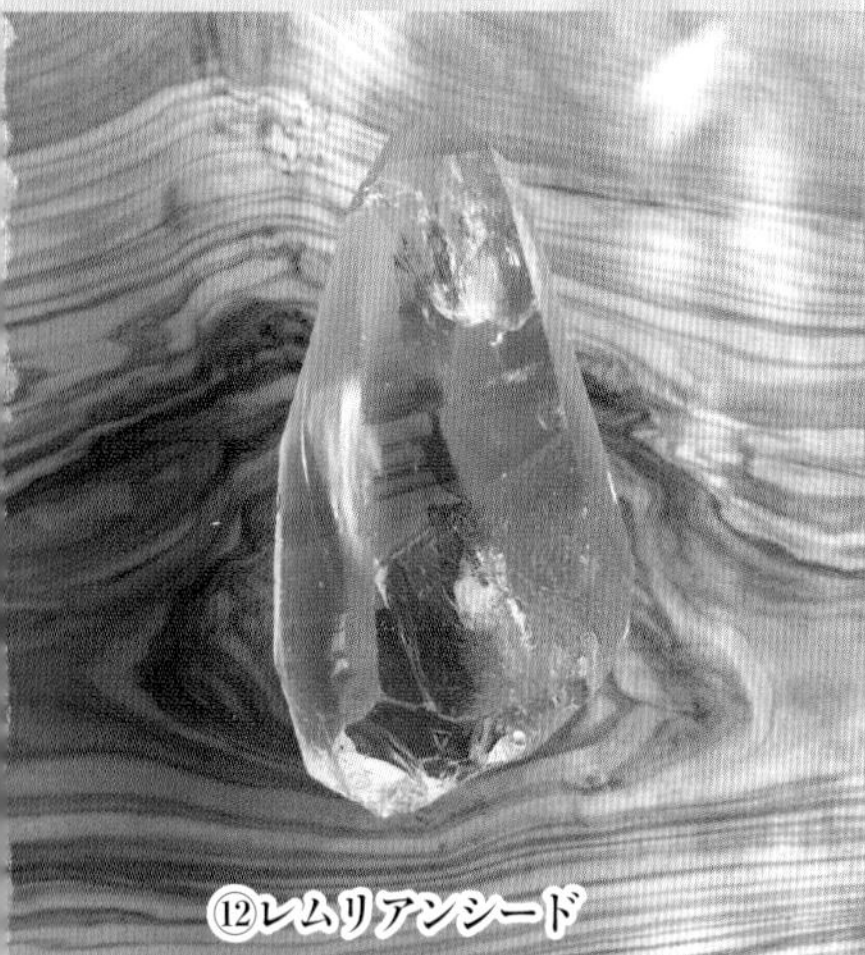
⑫レムリアンシード

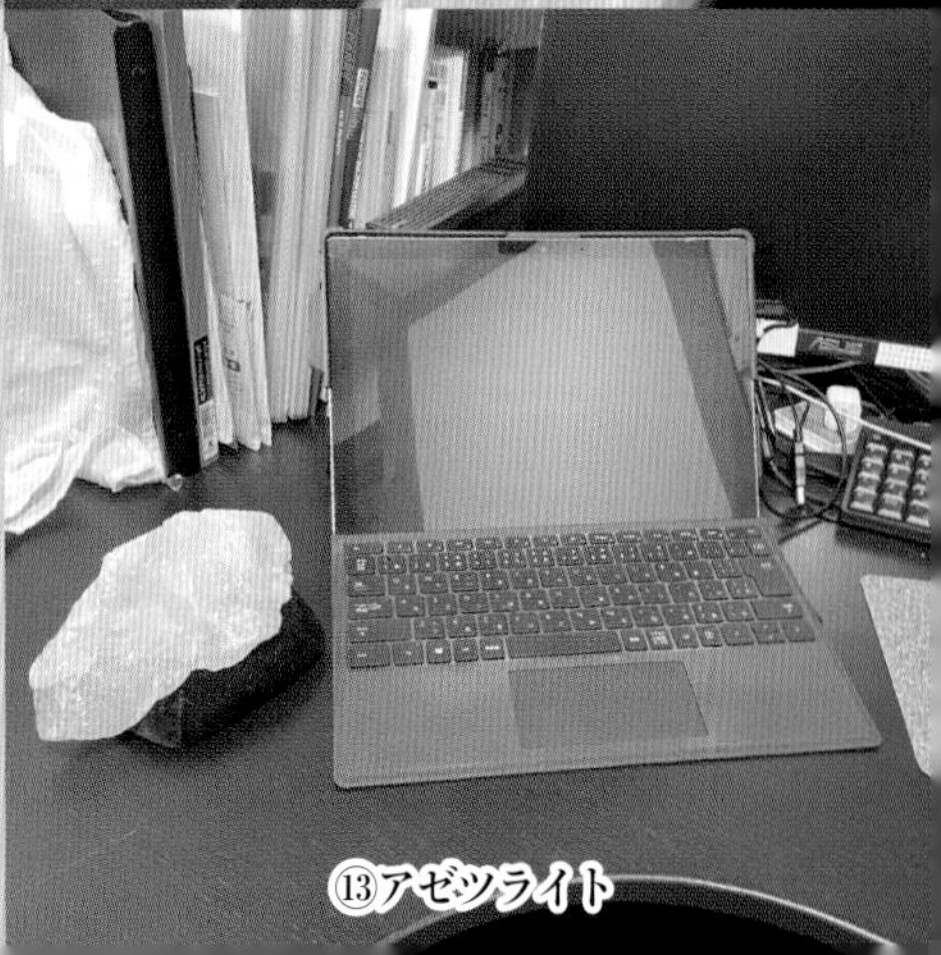
⑬アゼツライト

⑭ラズライト

石が教えてくれたこと

人って本来は願ったら叶うようにできているのかもしれない

プロローグ★「待って！　石があるよ！」

わたしは、霊感もスピリチュアルな能力もない、ごくごくフツーの主婦です。
そんなわたしが石と出会うことで、
世の中には魔法が満ちあふれていることを知りました。
いまだって、人様がうらやむような大成功は何ひとつしていないけれど、
何かが変わったという実感があります。それもちょっぴりよい方向に。
わたしとわたしの周りで起こった小さな奇跡の物語に、
少しだけ耳を傾けてみませんか。

はじめまして、こんにちは。

わたしは40代の主婦です。主人と2人の高校生の息子と4人で暮らしています。

特に人と変わったところもなく、霊感もスピリチュアルな能力もなく、言ってみればごくごくフツーの主婦ですが、もし、人と違うところがあるとすれば、それはこの歳になってもまだ日常生活の中には魔法が満ちあふれていると信じていることでしょうか。

そんなわたしですが、数年前までは、誰かが「日常の中に魔法があふれている」なんて口にしようものなら、「魔法とかって、ごく一部の運のいい人が、自分の成功をひけらかすために使っている言葉でしょう?」「誰にでもできるとか言っておいて、はい結局わたしだからできたんです的なサクセスストーリーね」と反感を覚えていたかもしれません。


いま、社会全体に閉塞感が漂っています。

SNSでの誹謗中傷、あらゆる類のハラスメントが世の中にあふれ、相手が潰《つぶ》れるまで執拗に叩きのめす風潮が強まっています。「他人の失敗をあげつらう」というのは閉塞感の表れではないでしょうか。

だからと言って、なんとか現状を変えようとポジティブな考え方を心掛けたり、習い事をして教養や得意なことを身に着けても、そのぶん評価が上がったり、人間関係がスムースになるわけではありません。結局は相変わらずの職場で、難しい人間関係を必死でジャグリングしている自分がいます。

他ならぬわたしがそうでした。なんとか現状を変えようと、自己啓発本を読んでみたり、英語を勉強してみたり、いままでやったことのない仕事についてみたり、自分にできる範囲でさまざまなことにチャレンジしました。

英語ではかなり頑張ってTOEICでは900点を超える得点を取ったのですが、40歳手前で何の経験もないまま英語だけができたところで、わたしの希望するような仕事には就けませんでした。

考えてみれば、同じ育てるなら英語のできる若い人のほうが良いに決まっています。就職活動をしてみて、そのことに例外はないのだと思い知りました。

子育てをしながらずっと粘り強く頑張ってきたわたしも、さすがに「万策尽きた……」と思わざるを得ない気持ちになったこともありました。

現実ってこんなに厳しいの?

わたしの得意分野や長所は、結局は世の中では何の役にも立たないの?

わたしはこれから現実の厳しさを思い知らされながら、ただ老いと向き合って行くしかないの？

受け入れがたい事実でしたが、それを変えられない自分をどうすることもできませんでした。結局わたしは、英会話スクールの受付の仕事に就きました。面接時には「英語はしゃべれたほうがいい」と言われたけれど、外国からきた講師の方々のほとんどは日本語がしゃべれるという環境の中で、わたしの英語力はほとんど必要ありませんでした。

そんな状況が一変したのは、そのスクールで英語の講師をしていた女性に、なかば強引に勧められてパワーストーンのお店に行ったときからでした。

彼女は天然石が好きで、とても押しの強い性格でした。自分で作ったブレスレットやイヤリングをみんなに見せては、「いいお店がありますよ！」とか「○○円以内で作れるんですよ！」「わたしが言っていたお店、もう行ってみました？」とグイグイ詰め寄ってきました。

わたしは子どもが生まれてから、世話をするときに邪魔になるアクセサリーは付けなくなっていたので、最初はパワーストーンのお店を勧められてもあまり気乗りしなかったのですが、何度も勧めてくるので「そこまで言うなら」と、彼女を納得させるくらいのつもりで彼女が勧めてくれたストーンショップに向かいました。

「ブレスレットを作っても付けるかなぁ。でも若い頃はアクアマリンとシトリンが好きだったのよね……。いまもその石を見たら昔と同じように惹かれるのかな、それとも……」

などと考えながら歩いているうちに、**気がつけば十数年ぶりに自分のための石を選ぶことに内心ワクワクしている自分がいました。**

お店に入ると何種類もの天然石のビーズがケースに入れられて並んでいました。わたしは何も考えず、心惹かれるままに天然石のビーズを選び、「これをブレスレットにしてください」と店員さんに差し出しました。

出来上がったブレスレット（口絵①）は、ランダムにビーズを選んだせいでデコボコしていましたが、わたしの好きなシトリンのビーズが入った明るい色のブレスレットでした。値段にすると5千円もしないくらいのものでしたが、なんだか良いことがいっぱい詰まっているような特別なものを感じました。

それまでも天然石のネックレスや指輪などはいくつか持っていましたが、そんな気持ちになったのは初めてです。これがすべての始まりでした。

その後、占いが大好きだったわたしは「そうだ！」と思い立ち、自分が選んだ石のそれぞれの意味をインターネットで調べてみました。

わたしが選んだ天然石のビーズは、シトリン、アラゴナイト、水晶、チャロアイトなどだったのですが、調べてみると、石の意味は「金運」「健康運」「恋愛運」などというような短いワードではなく、一つひとつの石に驚くほどしっかりとした意味や効果がつづられていました。

たとえば、紫色がきれいというだけで選んだチャロアイト。わたしが見つけたこの石の意味を一部抜粋してみます。

〈ラリマー、スギライトと並び、世界三大ヒーリングストーンの1つと言われています。ヒーリングストーンと言うと、疲れやストレスを癒してくれるようなイメージがあるかも知れませんが、チャロアイトからは、もう少し前向きでポジティブな波動を感じます。

（中略）
チャロアイトは転機やチャンスを助けてくれる石でもあります。失敗を恐れて決断できない時、思い切りがつかない時、決断や決別などの大事な場面で力を貸してくれるでしょう。（以下略）〉（出典：Natural Style natural-style.biz/powerstone/charoite.html）

と、本当はまだまだ続きます。

わたしは石の意味の奥深さにすっかり驚くと同時に、それらが見事に現在の自分の状況や願望を言い当てていることに重ねて驚きました。

「これらの石の持つ意味がすべて現実になったら、それは自分の理想の人生が実現されるということになる」とさえ思うほど、一つひとつの石が、そのときのわたしが叶えたくても叶えられていない願望そのものを表していました。心のままにランダムに石を選ぶことで、かなり信ぴょう性の高い心理テストが出来上がっていたのです。

そこからわたしは石の奥深さにのめり込むようになり、これまでにたくさんの石から恩恵を受けてきました。

いまも人がうらやむような大成功は何ひとつしていませんが、家族が仲良くあること、自分が好きなことでお金を稼ぐこと、ストレスのない人間関係を築くことなど、この人生で叶えたいと思っていたことのいくつかはしっかりと実現できています。

宝くじが当たりました！　とか、歩いていたらスカウトされて女優になりました！　みたいな話ではありませんが、「等身大の幸せ」と「等身大の不幸」には雲泥《うんでい》の差があると実感しています。

それをわたしに教えてくれたのが他ならぬ石たちなのです。

わたしがこの本を書こうと思ったのは、どんなにあがいてもどうにもならない閉塞感の中で絶望し、「自分の意に沿った人生なんてどこにもないの？」「自分らしさを社会の中で生かせたら、なんてことは思い上がった考えなのだろうか？」と、徐々に生きることに希望を持てなくなっていく自分をどうすることもできない人たちに、「**待って！　石があるよ！**」と伝えたいからです。

単なる自慢話で終わらないように、その方法をわたしなりに分析し、書き切りたいと思っています。

それと同時に、石たちがわたしに伝えてきてくれた素敵な話、より良く生きるための秘訣や、わたしが勝手に石から感じたあれこれも紹介していきたいと思います。

ここでちょっとだけ、日々の苦労を忘れて石の世界をのぞいてみませんか？
そんなちょっとした行動が、これまで自分の前に立ちはだかっていた人生の分厚い壁に風穴を開けるきっかけになるかもしれません。

わたし自身を振り返ってみて思うに、石から受けた最大の恩恵は「石を好きになれたこと」だと思います。石を好きになったことで、天然石のマクラメアクセサリーを作ってネットショップで販売するようになり、そこからたくさんの人たちとつながり、目に見えないことやものの大切さを知り、毎日が魔法に満ちあふれました。

そして、わたしの話を聞き終えた皆さまが、いまのこの日常を、子供の頃のようにキラキラとした可能性に満ちたものであるとふたたび信じてくださることを願って……。

石が教えてくれたこと◉もくじ

第1章

石からもらった小さな奇跡◉わたしとわたしの周りで本当に起きたこと

第2章

特殊能力はいらない！◉石からイメージや効果を自由に感じとろう

第3章

石は家族にも影響を及ぼす◉効果は持ち主だけに留まらない

第4章 石と仲良くなろう◉言葉を超えたつき合いが始まる

第5章 今より少し幸せになるために◉惜しい運気を石で底上げ！

第1章

石からもらった小さな奇跡

わたしとわたしの周りで本当に起きたこと

モスコバイト

他人に振り回されない自分に変われるかも

初めて石の効果を身近に感じたとき

わたしが天然石の面白さを知ったばかりの頃は、実際に石の効果を試すよりも、石の意味を調べて、その意味を組み合わせて「(理屈上)○○に効くブレスレット」みたいなものを作って楽しんでいました。

そうやって調べていた石の意味の中で、わたしがとくに面白いと思った石があります。それはモスコバイトという石でした。

石の効果や意味は見るサイトによってまったく違うときもありますし、また一般に言われているものとは別に、リーディングができる方が個人の見解を載せている場合もあって、多種多様でもあるのですが、わたしが見たモスコバイト（口絵②）の効果の内容を次に抜粋してみます。

〈パワーストーンとしてのモスコバイトは、「スピリチュアルな絶縁体」として機能してくれます。（中略）

エネルギー量が多い人は良し悪しは別としてリーダー的になり、少ない人は従う側にまわります。それがネガティブな形になると、コントロールする側とされる側にわかれてしまいます。（中略）

モスコバイトは、持ち主のオーラに絶縁体のような防御シールドを張って封じ、外部からやってくるエネルギーから守ってくれるとされています。（以下略）〉（出典：開運なびhttps://kaiun-navi.jp/powerstone/muscovite/）

これを読んだとき、わたしは真っ先に実家の母を思い浮かべました。母はここに書かれている人物像そのもののような人でした。誰かと仲良くなると必ずと言っていいほど、最終的には主従関係の従になり、命令されたり、邪険な扱いを受けるようになってしまっています。

わたしが独身でまだ実家にいた頃、母にはAさんという友人がいました。一度だけそのAさんが、母と一緒にわたしもドライブに誘ってくれたことがありました。

Aさんは当時の母と同じ50代半ばで、色白でとてもきれいな人でした。若い頃に離婚してお子さんもいなかったので、自由に出かけられるからと、よく母をドライブや食事に誘ってくれていました。うちも早くに父が亡くなり、その頃はわたしももう成人していたので、母も気軽に友だちづき合いを楽しんでいるようでした。

母から彼女の話はよく聞いていたので、わたしは気軽にお誘いを受け、当日、家の前まで迎えにきてくれたAさんの車に乗って3人で出掛けました。

最初は3人でカーステレオの音楽を聴いたり、おしゃべりをしたり楽しくすごしていたのですが、少し経った頃に、Aさんが母と話すときの口調がとてもぞんざいであることに気がつきました。

母が何か言うとAさんは「だから違うって言ってるでしょ！」とか「ちょっと！　あれ

やって」など、その言葉には見下す響きがありました。

そして、娘のわたしがいる前でさえ、ここまであからさまな態度を取るということは、Aさんはその態度に何の疑問も感じていない、ということなのだと思いました。

Aさんと別れて家の玄関に入るとすぐ、わたしは母に言いました。

「あの人おかしいよ。それからお母さんも。友だちっていうより家来みたい」

「……あんたはそう思ったんやね」

母はそう言って、信じたくないことを突きつけられたようにうつむきました。

そのときの母の残念そうな顔……。

このときのことがずっとわたしの心の片隅にありました。

モスコバイトの効果が本当かどうかはわからないけど、この石でブレスレットを作って母にプレゼントしてみようかな……。

これが、わたしが石の効果を実際に確かめようとした最初の出来事でした。

わたしは思い立つと、ワクワクする気持ちを抑えきれずに、さっそく天然石のビーズを売っている店に向かいました。

お店ではいろいろと考えて、お目当てのモスコバイトと一緒に、母の誕生石であるガーネットや守護力の高いスモーキークォーツのビーズを買ってきました。家に帰ってさっそくつなぎ合わせると素敵なブレスレットが出来上がりました。

母に送る箱の中にはブレスレットと一緒に、

〈最近パワーストーンに凝ってます。お母さんに良さそうなものを作りました。よかったら着けてみてね〉

という短いメッセージを入れました。


これだけ長い間、母の身に続いてきたことがブレスレットひとつでどうにかなるとは到底思えませんでしたが、何かしらの効果がありますように、とわたしは祈るような思いで小さな箱を母宛てに送りました。

その後も、次は何にしようかな？　と暇さえあれば石のことばかり考えて、次から次へとビーズを買ってきてはブレスレットを作っていました。

それから数カ月経ち、母にブレスレットを送ったことも忘れかけていた頃、一本の電話がありました。

「ああ、祥子ちゃん。久しぶりやね」

母からでした。

「あんたがくれたあのブレスレット、すごいね」

「えっ？　何かあったの？」

わたしがそう尋ねると、母は少し照れくさそうに話し始めました。

「なんかね、みんながお母さんに『ありがとう、ありがとう』って言うてくれるんよ。いままでこんなことなかったからすごい不思議なんよ。ちょっと手伝ってあげただけなのに『こんなにしてくれて、ありがとう！』ってすごい丁寧に何回もお礼を言うてくれたり、会う人、会う人がお母さんの顔見てありがとう、ありがとうって言うてくれるんよー。これって何やろうね？」

母からこの話を聞いて、**初めて石の効果を身近に感じたわたしは心から驚きました。本**

当にこんなことがあるんだ！　と。

母が体験した石の効果は、わたしが考えていたものとはちょっと違ったのですが、相手のパワーに押されて言いなりになってしまうのを回避する、ということをさらにプラスの意味にまで発展させると、母の存在が大切にされ、尊重される、ということなのかもしれないと思いました。

その結果、たくさんの人が母を見るたびに「ありがとう！」と言ってくるという事態が起きたのかもしれません。

あれから数年経ち、**以前はしょっちゅう人間関係のトラブルに巻き込まれていた母から、そういった悩み事や愚痴をすっかり聞かなくなりました。**楽しくおつき合いできる友人も、少しですがいるようです。それもパワーストーンのおかげなのか、年のせいなのか……。

まあ、娘としては母が楽しくすごせているのなら、どっちでもいいわ、と思っています。

ちなみにAさんとはもうずいぶん前に会わなくなったようです。

「何を言われても前ほどダメージを受けないんだよね」

この出来事をきっかけに石に絶大な信用を持ったわたしは、友だちが職場の人間関係に悩んでいると聞いたとき、もう一度やってみようと、あのモスコバイトと、自分をいたわることを教えるローズクォーツを使って、コットンの紐で編んだ手作りキーホルダーをプレゼントしました。

一カ月後、彼女に会ったとき、ドキドキしながら聞いてみました。

「あのキーホルダー効果ある？」

するると、彼女は言ってくれました。

「ある、ある！　めちゃくちゃあるよ！」

そして続けて、

「相手の嫌がらせをやめさせることはできないけど、**不思議と何を言われても前ほどダメージを受けないんだよね。だからすっごく楽になったよ。**もうこの石がない生活は考えられないわ」

と言って笑っていました。

「やっぱり石ってすごい……」

わたしは改めて感心しました。


相手がどんなに嫌がらせをしていても、されたほうが痛くもかゆくもなければ嫌がらせは成立していないことになります。物事にはいろいろな解決方法があるものだなと思いました。


彼女はいまでもそのキーホルダーを、バッグを替えるたびに付け替えて、ずっとお守りのように大切にしてくれています。

一度、キーホルダーを編んだ紐がボロボロになっていたので、編み直すためにしばらく預かったことがあるのですが、そのときなどは「もう編み終わった？　あれがないと心細いから、いまからあなたの家まで取りに行っていい？」と連絡がきたくらいです。

モスコバイトはそんなに高価なパワーストーンではありません。日々、人間関係で苦労されている方は、物は試しでこの石を持ってみてはどうでしょう。ビーズならブレスレットにできますし、タンブル（磨いた小石）ならお守りとしてポーチに入れて持ち歩くことができます。

こんな石ひとつが、他人に振り回されない自分に変わるきっかけを作ってくれるのですね。

セレスタイト

信じられないようなコミュニケーションを可能にする!?

アイスブルーの綺麗な石の色に惹かれて……

毎日石を見ていたかったわたしは、ネットで石屋さんを見つけては、素敵な石はないかと探し回る日々を送っていました。そして素敵な石とはずっと一緒にいたいので、石に興味を持ち始めて半年くらい経つとマクラメ編みを習ってネックレスにして身につけるようになっていました。

そんな中で出会った「セレスタイト（口絵③）」というアイスブルーの素敵な石。意味を調べると、この石は天界からのメッセージを受けるサポートをし、天使とのつながりを持たせてくれる石、とのことでした。

ふだんなら「天界？　天使？　何じゃそれ？」ってなるような話ですが、石を経由するとこんな話もたちまちすんなり入ってくるんですよね。「うわー！　天使とつながれるの？　すごい！　ステキ！」ってなもんで、この石を大好きになりました。

この清らかなアイスブルーの石を晴れた日に身につけて出かけると、心まで晴れ渡ってスッキリと楽しい気分で一日をすごせるような気がしました。雑念を解消する強い浄化作用のある石なのでそれが影響していたのかもしれませんが、わたしとしては、ただただこの綺麗な色の石に惹かれて身に着けていました。

反抗期を迎えたような息子の気配

そんな日常のなかで、当時中学2年だった上の息子が反抗期を迎えたような気配がありました。家のことはまったく手伝わないくせに、親のやり方にはいちいち意見してきて、まるで指示するような発言をする有様。ふだんはとにかく不機嫌で「おはよう」という挨拶も無視。まだまだ何もできないくせに自分が世界で一番偉いと思っているような態度！

これが噂の中学男子の反抗期ね、とほったらかしていたものの、日に日にエスカレートしていき、しまいにはこちらからの問いかけは無視しておきながら、自分の要求だけを「あれをやりたい」「お金が足りない」と一方的に伝えてくるようになりました。さすがに親としてこれ以上は見逃せないと感じ、一度時間を取って一対一で話をしました。

「世の中に出たらね、役割を果たさずに要求だけ通す、なんてことは通用しないのよ」

わたしは切り出しました。

「今のあなたは家族に対してあまりにも感謝がないように見えるけど、みんなあなたに精一杯協力してくれているとは思わない？」

わたしは心の中で（この子ならきっとわかってくれるはず）と信じて、目の前の息子に話をしました。

ところが結果は無残にも、もっと怒らせてさらに態度が悪くなるという始末。鋭い目つきでわたしを睨《にら》みつけると、大きな足音を立てて二階の自分の部屋へ引っ込んでしまいました。

わたしは困り果てました。

「わたしのやっていることって、自分の正義ややり方を押しつけているだけなのかな？」

あまりにも言葉も気持ちも伝わらなかったことにわたしは混乱し、すっかり意気消沈して、自分の信じてきたことさえそのまま信じ続けることが難しくなってしまいました。

そうだ、セレスタイトに聞いてみよう！

そんなとき、「そうだ、セレスタイトに聞いてみよう！」と思い立ちました。**セレスタイトは天界からのメッセージを届けてくれる石**だといいます。

「もう、あの石に聞いてみるしかない」

わたしはセレスタイトのネックレスを身につけると、息苦しい空気が充満する家を出て行きつけのカフェに向かいました。

注文したコーヒーを目の前に置き、ペーパーナプキンの上にそっとセレスタイトのネックレスを載せました。**心を落ち着け、心の中で「ねぇ、わたし間違ってる？　どうしたら……」くらいまで語りかけると、いきなり頭の中がクリアに晴れ渡り、自信がみなぎって**

きました。

わたしは何も押しつけていない。息子が人として道を踏み外さないよう、生きる上で大切だと思うことを精いっぱい伝えただけ。わたしはわたしとしてこんな母親なのだとこれからも生き方を見せ続け、子供はそれを自分の感性で受け止めて取捨選択する。互いにできることはそれだけだ。「理解されない」＝「間違っている」ということではない。このまま行く！

こんな確固たる信念がいきなりわたしを支配していました。わたしの心の中には一片の曇りもありません。急に自信に満ちあふれた自分と、急な変化にとまどっている自分の両方が混在している状態でした。

「お帰り」

ほんの数秒前まで「もう、どうしたらいいのかわからない！　わたし、ひどいお母さんなのかな。考え方が古い、とか？　でもあのままのあの子を放っておくことはできないし……どうしたものか」と、何もかもわからなくなっていたのに。
それがセレスタイトに語りかけたことで、自分がこれまで信じていたことに確信が持て、しかも心からの問いかけに大好きな石が応えてくれたのです！　わたしはとてもうれしくなりました。

そして家に帰ってみると、さっきまでわたしの顔を見ると「チッ！」と舌打ちしていた息子が「お帰り」と言うではありませんか！

日々生活を共にしてお互いを大切にしていく中で、石と人との間に信頼関係が生まれます。セレスタイトは子育てをサポートする石ではありませんし、魔法のランプのようにキュッキュと擦《こす》れば三回まではアドバイスをくれるわけでもありませんが、天界のメッセージを伝えるという特性が、信頼関係の中で信じられないようなコミュニケーションを可能にすることもあるのだと思います。

こんな、**石との信頼関係こそが平凡だった毎日を魔法に満ちたものに変えてくれる鍵**なのではないでしょうか。

ひそかにでも自分を信じてみよう

何かを感じたときは……

本当に石が起こした奇跡なのか

ここまでお話ししてきたモスコバイトやセレスタイトの不思議な出来事、これって果たして本当に石の起こした奇跡なのでしょうか？

答えは「わかりません」です。

それを確認したり証明したりする方法はどこにもないからです。母が、友人が、わたしが「そう思った」だけです。そう思って石を大切にしているだけです。

ときどきわたしのショップで石をお迎えしてくださった方から「石から…（中略）…というメッセージを受け取ったと思っているのですが、これって本当に石からのメッセージなのでしょうか？」と質問されることがあります。

そんなのわたしにだってわかりません。最初にお話ししたとおり、わたしは霊感もないし、スピリチュアル系でもないフツーの主婦なんですから。どこをどう集中すればそういうことがわかるようになるのか、いまでも見当がつきません。

「あなたがそう思ったのならそうなんじゃないですか」なんて言ったらインチキ占い師みたいですけど、そんな感じです。

ただ、**自分が感じたことを「そんなわけない」と毎回理屈でひっくり返してしまうと、いつまでたっても石とのコミュニケーションは取れるようになりません。**取れていることを自分で「嘘だ！」と言ってしまっているのですから。

わたしの知っている人で、石からのメッセージを受け取るのが上手な人がいます。でもその人は自分を信じる強さを持てなくて、最後には「こんなことあるわけないよね、あっても最初だけだよね」と何だかんだと自分が傷つかなくてすむような言い訳をして、結局もとの現実しか見ない自分に戻ってしまいます。

何も感じられなかったら「感じられない」でいいと思います。

でも、何かを感じたのならそのことをせめてあなた自身は信じてください。

人前で説明する必要などないし、「科学で証明できないことは信じない」と言っている人を論破する必要もありません。

ひそかにでもいいから、自分を信じる勇気を持ってください。

そしていつか、気の合う石好きさんと出会ったら、そのときは石の不思議トークで思う存分盛り上がりましょう！　ＳＮＳで検索すれば「石」を「この子」と呼ぶ人はすぐに見つかります。

スギライト

抜群の調整能力を持つ

ヒーリング効果はよくわからないけれど……

スギライトは世界三大ヒーリングストーンのひとつとして、パワーストーン界ではいまや世界に名を馳せています。実はこの石、１９４４年に日本人の杉健一氏が発見したとして日本人の名を冠した石なのです。そう言われてみれば、スギという響きがとても日本っぽいですよね。この石は深いところからの悲しみを癒す効果があるとされています。

でも不思議なことに、わたしはこの石のヒーリング効果はよくわからないんです。それよりも強く感じるのは「ずば抜けた調整力」。

誰かと誰かの想いや、すれ違いや、タイミングをうまーく調整して、みんなにいい結果をもたらしてくれるのです。ということは**この石は持ち主だけでなく、それを取り巻く人や環境まで守備範囲に入っているという**ことです。

そもそもすごい石というのは、守備範囲の広さが半端ないものが多いです。持ち主の現在だけでなく過去や未来まで網羅《もうら》できたり、もっと言えば前世や来世まで考慮して動ける石もあると言われています。

スギライトは持ち主の生活圏全体を見ることができます。なので、とても実用的。

例えば、わたしは息子が属していたスポーツクラブの保護者会などには必ずスギライトを持って行きました。

いろんな立場の人、さまざまな意見の人、ちょっと癖のある人、苦手な人などが混ざって行われる会議は、人間の力だけでまとめるのは至難の業です。

そんなときに**スギライトを持っていると、大きく揉めず、無事に終われることが多々ありました。**

苦手な人とのつき合い、複数の思惑がからみ合う困難な話し合いなど、人間にとってはかなり難しい状況下で、スギライトは大きな効果を発揮することがあります。

夫婦のすれ違いも見事に解消

スギライトはその素晴らしい調整力で夫婦のすれ違いを見事に解消してくれたことがありました。

わたしは主人に対して「わかってほしいな」と思いながらも気がつけば20年近く経過してもう諦めかけていたことがありました。

主人は男兄弟の中で育ったせいもあり、女性に対する理解というか配慮があまりなく、その分わたしに対してもおおらかでいてくれるのですが、例えば、せっかくレストランに行ってもトイレや出入口近くの落ち着かない席にサッサと座ってしまったり、電話で話が終わったら、受話器をまだ耳に当てている間に「ブチッ」という不快な音をたてて即座に切ってしまったり……。

ちょっとしたことだけど女性が「ふぅ」とため息をつきたくなるような些細《ささい》な無神経さがあって「言うほどではないけど、わかってほしいなぁー」そんな思いが積もり続けていました。


それが、**スキライトを持った数日後から、主人が電話で話し終わった後、いつもの「ブチッ」という耳障りな音がしなくなりました。**

めずらしいこともあるものねと思っていたら、買い物の途中に入った喫茶店で「どこの席がいい？」と聞いてくれるのです！

「何があったの⁉」と聞くと「俺は昔からそういう男だよ」と言うので「いつも店に入ったら、真っ先にトイレに一番近い席に座ってたじゃない！」とすかさずツッコむと、面白そうにただ笑っていました。


その後も、小さなことではありますが、何かと言いにくいけどわかってほしいことや、わたしが女性であることに配慮してくれている様子を感じるようになりました。

そのたびに「どうしちゃったの？」と冗談めかして聞いてみるのですが、「俺は昔からそういう男だよ」としか言わないので、なぜこんな素晴らしいマイナーチェンジが起きたのかはいまだによくわかっていません。

結婚生活を経験した方ならわかっていただけると思うのですが、相手のことでまったく気づいていなかったことに気づくようになる、というのはとても難しいことです。人間、そうそう変われるものではありませんし、自分の利益に直結することでもない限り、相手のためだけに考え方や態度を改める、なんてことは小さなことに見えて、奇跡に近いくらいの出来事だと思うのです。

今回主人は、人が変わったように気が利く男性になった、というわけではないけれど、そもそもわたしだってそんなことを望んでいたわけではありません。

ちょっと不器用で相変わらずなところもあるけれど、それでも配慮しようとしてくれていることがうれしく、ありがとう、って……ん？　これは夫の思いやりに感謝すべきなのでしょうか？　いやいやスギライトのおかげと考えたほうが妥当でしょう。

だって夫はスギライトがくるまで20年間もわたしの気持ちに気づかなかったんですよ……。では、気づかせてくれたのはスギライト、変わってくれたのは主人。ということで両方に感謝です。

スギライトは紫、青、ピンクが鮮やかに出ているものはかなり高額になります。でも、**茶や黒色が多く入ったものはリーズナブルなお値段で手に入る可能性があります。**

わたしが効果を感じたのは黒っぽい中にちょっとだけ紫の筋がシュッと入ったものや、限りなく黒に近い紺色のものでした。

そのくらいの色味であれば、タンブルやビーズも比較的手頃なものがありますので、興味のある方はぜひ、試してみてくださいね。

水晶って、どんな石？

万能と言われても……

その効果は万能と言われているけれど……

水晶はすべての石の基本となるような石です。このような本を書く上では必ずどこかで取り上げるべき石なのですが、その効果は万能と言われており、万能と言われているものほど説明が難しいものはありません。しかも世界中で採掘されており、産地によって特徴も値段も千差万別なのです。

たとえば、わたしがスピリチュアリストだったなら、出しているエネルギーの色や石の声などを聴き、それぞれの産地ごとの特徴や効果をお伝えすることもできるのかもしれません。
でも、残念ながらそれも叶いませんので、これまでどおり、わたしが体験したことをお話ししようと思います。今回はわたしがはっきりとした効果を感じた二つの体験についてお話しします。

わたしがはっきりと効果を感じた体験

一つめはブラジルのトマスゴンサガ産の水晶（口絵④）です。この産地の水晶は比較的市場に多く出回っているため、価格的にも手に入れやすい石のひとつです。

わたしは以前、近所のカフェでアルバイトをしていました。そのカフェの店員はみんな近所の主婦たちで、とても楽しい職場でした。

わたしはそこで石が好きなことをちょっとだけ話していたのですが、興味を持ってくれる人がちらほらいたので、遅番のとき、お店が閉まって後片付けが済んだあと、ほかに残っていた二人にいくつかの水晶を見せたことがありました。

「この前、石が見たいって言っていたでしょう?」

「うん、うん」

「いろんな水晶を持ってきたよ!」

「わー!　見せて」

そう言われてわたしは意気揚々と布で包んでいた水晶たちを彼女たちに見せました。そこにはスイスの水晶、タンザニアのアメジストの混ざった水晶、カザフスタンの黒水晶(モリオン)、そしてトマスゴンサガ産の水晶がありました。

二人はそれぞれに水晶を手に取りながら、「これ好き」とか「この子きれいすぎて近寄りがたい」「この子、絶対にいい子だよ!」などと口々に思ったことを言い始めました。

この二人はスピリチュアルな能力があるわけではないのですが、石を目の前にして触っていると、まるでスピリチュアリストかのようにその石のことが自然とわかってそれを口にするようになるものです。

わたしはもう一歩踏み込んでこう言ってみました。

「自分に合うな、って思う石があったら胸に当ててみて。子供を抱きしめたときの安堵感みたいなものが湧いてくることがあるの」

「あっ、ホントだ」

「すごい！　なんかホッとする」

なーんだこの人たちすごく石と相性いいじゃん！　わたしはこの二人が石たちをとても楽しんでくれていることがうれしくなって、その気持ちをシェアしたくてわたしも笑顔で彼女たちの顔を見ました。ところがそのうちの一人の女性の表情はわたしの期待を大きく裏切るものでした。

急に顔を曇らせて下を向いてしまった彼女

彼女はそのカフェではキッチン担当で、ふだんはとても明るく、みんなが疲れたときでも大きな声で冗談を言って笑わせてくれるまるで太陽のような存在の人です。そして家に帰れば三人の子供の頼もしいお母さんでもあります。

そんな彼女が水晶を胸に当てたあと、急に顔を曇らせて下を向いてしまいました。

（どうしたんだろう……）

わたしが戸惑って何も言えずにいると、彼女は少しかすれた声で今の自分の状況を説明するように話し始めました。その手にはさっきまで胸に当てていたトマスゴンサガの水晶が握られていました。

「わたしね、今日の朝、仕事にくる前に、小学生の下の子二人が言うことを聞かなかったからイライラしてお尻ペンペンしちゃったの」

もう一人のパティシエの女性がやさしくフォローしました。

「そっか、ママは大変だね」

「だけどわたし、家に帰ったら子供たちに『今朝はゴメンね！』って謝るわ！」

そう言ったかと思うと、彼女はたちまち雲間から光が射すようにぱあっと明るい表情を取り戻しました。

いまはうれしそうに輝く彼女の顔と、その手に持った光のかたまりのような水晶をわたしはまじまじと見つめました。

一瞬にして彼女の冷えた部分に光を当て、温めて笑顔を取り戻させた石の的確さと仕事の速さ。そのときのわたしはこの一瞬の出来事に、何がどうなったのか、すぐには理解が追いついていない状態でした。

不登校になった小学生の娘さん

そしてもう一つの水晶のお話は、産地もわからない、わたしが石を仕入れたときに業者さんがおまけでくれたものでした。

わたしのママ友の小学生の娘さんがある日不登校になりました。原因もわからず、本人は比較的元気なのですが、学校に行くのだけは嫌だと言って、どうしても行かないのです。その話を聞いてしばらく経った頃、わたしが近所のスーパーに行く途中にそのママ友と不登校の娘さんにバッタリ道端で会いました。

笑顔で挨拶すると、その女の子は人懐っこくわたしに近寄ってきて、「この石なあに?」とわたしがその日つけていたマクラメ編みのネックレスに触れました。

「ああ、これはリビアングラスって言うんだよ」

「ふーん、そうなんだ。きれいだね」

「石が好きなんだね。おばちゃんは石が好きな子供が好きなの！」

わたしがそう言ってその子をギュッと抱きしめると、彼女はうれしそうに笑いました。


その日はそれで別れたのですが、後日わたしが家の中の石を整理しているときに、石の仕入れ時に業者さんからおまけでもらった売り物にはならない品質の石がいくつか溜まっていたので「これをあの子にあげよう」と思い立ちました。

あの娘さんはあちこちで石を拾ってくるほどの石好きだとお母さんが話していたので、高品質な石ではないけどピンクやグリーンの色石をあげたら喜んでくれるかもしれないと思ったのです。

その中に、水晶が入っていました。それは透明度がさほどあるわけでもなかったのですが、カタチがコロンとかわいく、わたし好みの石でした。高い値段が付くわけじゃないけど「なんか効きそうな石」というのがあって、わたしはそれをなんとなく感じ取るようで、その水晶に「あの子の心の負担がすこしでも軽くなれば」という願いをふわっと乗せて渡しました。

「わたし、学校に行く！」

その数日後、その子のお母さんから「子供が学校に行くと言い出したの！」と聞きました。「え？　それホント？」「本当なの。急に『わたし、学校に行く！』と言って本当に行くようになったの」と言っていました。

お母さんはまさか石のおかげだとは夢にも思っていないようでした。でもわたしは石が作用した可能性は高いと思っています。

それまで忍耐強く見守っていたお母さんの努力と愛情、このままではいけないと思いながらも勇気を出せなかった女の子の葛藤とお母さんに対する感謝、それをあのコロンとした可愛い水晶がただ繋げたのではないかと。お互いに想いでいっぱいになっている、その想いを繋げることで健全な循環が起き、娘さんの心の中に「わたし、学校に行く！」という元気な意欲が湧いてきたのではないかと思うのです。

「水晶によって主婦の子育てのストレスが瞬時に解消され、不登校だった子供は学校にいけるようになった！」と言えば、「水晶が起こした奇跡！」ということになるのかもしれませんが、実際はカフェの女性も、この女の子も、水晶に奇跡を起こしてもらったのではなく、「自分はどうしたいのか」という究極の本音に向き合う機会を与えられただけなのではないでしょうか。そして気づいたのでしょう。逃げるから苦しいのだと。実際に決断し行動したのは水晶ではなく本人であり、その胸にあふれる愛情あってこそ起きたことなのだとわたしは思っています。

もちろんこの体験談だけで「これが水晶の効果です」と言うのは、あまりにも乱暴です。「こんなことがありました」と言う、あくまでもわたし個人が体験したことのほんの一例にすぎません。

でも少なくとも、**悩んでいる人、困っている人に水晶は良い効果があると言えるかもしれませんね。**石は波動で人を理解します。言葉にできない苦しみを抱えた人に、そっと水晶を渡してみてはいかがでしょう。この人が少しでも楽になりますように、という願いをふわっと乗せて。

ターコイズ

霊感のない友人がメッセージ受信！

石を身に着けると、途端にまとっている雰囲気が変わる

わたしの友だちで面白い人がいます。彼女は一度、わたしの作ったマクラメ編みのネックレスをお迎えしてくれたことがあるのですが、そのとき、とても面白いことを発見しました。


待ち合わせしていたカフェで向き合って座ると、彼女は開口一番、

「わたし、石のことあまりわからないんだよね」

なんて謙遜するようなことを言いました。ところが、持ってきたネックレスをいくつか

見せると、ふと目が真剣になり、

「これ、自然の光で見てもいい？」

と言うので、わたしたちは自然光の入る窓際の席に移動しました。

この人は自分で思っているよりも石好きね……。


わたしが思う、石と相性のいい人というのは、無邪気、素直、真面目、頑張り屋さんな人です。彼女はそのすべてに当てはまっていました。


その場でわたしは彼女に似合いそうなものをピックアップして「これ着けてみて」と次々に試着してもらっていたのですが、途中でハッと気づいたことがありました。

彼女は石を身に着けると、その石に合わせてまとっている雰囲気が変わるのです！ローズクォーツを身に着けるとふんわりやわらかい印象になり、ハニーカラーの琥珀《こはく》を身に着けると心の底から明るい表情になり、ルビーを身に着けると途端に色っぽく、肌の色まで白くなったのかと思うほど女性らしさが引き出されています。

それが面白くて、わたしはさまざまなネックレスを彼女の首に掛けては、変化する雰囲気を見たり、どんな感じか聞いたりして楽しんでいました。

その中で印象的だったのが、大粒のターコイズ（口絵⑤）を首にかけたときのことです。そのターコイズはわたしの自慢の一品で、ここ最近お目にかかったことのないくらいの大きさと碧さを誇っていました。

ターコイズは石が脆《もろ》いため、必ずと言っていいほどスタビライズド（浸透処理）されているものなのですが、その石は高品質なペルシア産で硬度も高いので、一切人工処理されず純天然のまま研磨された希少なものでした。

「いままで感じたことのないようなしあわせな気持ち」

（さあ、このターコイズを着けたらどうなるかな？）

そんな気持ちで彼女の首にそのネックレスをかけました。

すると彼女はそのネックレスの感触を確かめるように味わうようにしばらく黙っていま

した。

「どう？」

ワクワクした気持ちを抑えきれずに急《せ》かすように聞いてみると、彼女は少し夢見るようなふわっとした表情で答えました。

「いままで感じたことのないようなしあわせな気持ち。祥子ちゃん、こんな機会をくれてありがとね」

そう言ったときの彼女の表情がとても印象的でした。

友人の真価を見抜いて本人に伝えてくれたターコイズ

それからしばらくして、また彼女と会う機会がありました。

久しぶりに彼女とカフェの席に向き合って座ると、わたしは注文もそこそこに気になっていたことを聞いてみました。

「ねえねえ、この前あの大きなターコイズを着けたとき、いままで感じたことのないしあわせな気持ち、って言っていたよね。それってどんな感じだったの？」

「うーんとね……、言葉にするとね、あのターコイズが『あなたは自分が思っているよりもずっと素敵な人なんだよ』って言ってくれた気がしたの」


わたしは涙がこぼれそうになりました。

わたしの自慢のターコイズが、わたしの友人の真価を見抜いて本人にそれを伝えてくれたのです。

そして彼女もあのターコイズのメッセージをちゃんと受け取ってくれていた！

こんな不思議な出来事を友だちと共有することができた！

わたしは日々感じていた魔法の一片を大切な人と共に味わえたことに感動していました。


そしてもう一つ。

「あの試着大会の後、家に帰ってからすっごく疲れなかった？」

「えっ？　なんで知ってるの？　なんだかわからないけど、あの日、人生で一番疲れたのかと思うくらいグッタリ疲れて立てなかったくらいよ！」

そうなんです。**石の波動を受け慣れていないときに、一度にたくさんの石からの波動をまともに受けると信じられないくらい疲れることがあります。**きっと脳がそれまで受けたことのない波動を受けて、それを理解しようとすることはものすごく大きな負担がかかることなのでしょう。

あれほど素直に石の影響を受ける彼女ならなおさらです。立てないほど疲れたと言うのもうなずけます。

この症状は「石酔い」と言われるもので、強い石をはじめて身に着けたときはぐったり疲れて爆睡する、というのは石好きの間ではよくある話です。

そういったときは、無理に身に着けようとせず、一日に数時間身に着けることから始めて徐々に慣らしていってください。特に眠気をもよおすときは、車の運転や外出を控えてしっかりと休息をとってくださいね。

スーパーセブン

最も必要とされるところに自分から行く石

七つの鉱物が混ざり合っている石

スーパーセブンという名前、カッコよくないですか？　この名前、よほどの石でなければ名前負けすることになってしまいますが、やはりこの石、よほどの石なのです。

まずセブンってなにが七なの？　という疑問を持たれる方もいるかと思いますが、その答えは七つの鉱物が混ざり合っている、ということです。

水晶を主体としてその中にアメジスト、カコクセナイト、ゲーサイト、ルチル、スモーキークォーツ、レピドクロサイトが入っているものをいいます。

七つの鉱物の意味や効果を有するとなれば、それはすごいはずですよね。でもそれらはバラバラに作用するのではなく、スーパーセブンというひとつの石としての特徴を持つことになります。この石にはわたしが経験から得た個人的な見解があるので、それをこれからご紹介します。

天然石のインターネットショップを経営する中で、いくつかのスーパーセブンとお客さまをつないできましたが、その中にはとても印象的な旅立ち方をするものがありました。**まるで人生で窮地に陥っている人のもとに、自らの意思で飛んでいくように旅立って行くのです。**

わたしがショップを始めて間もないころ、とても大きくて綺麗なスーパーセブンを仕入れました。

初めてのスーパーセブンは、透明な水晶の中に紫色のアメジストが水彩画のにじみのようにじゅわっと広がっていて、クラックのあるところにはきれいな虹が見られました。

わたしはこの石をとても気に入って、見るたびにきれいな石だな、と思っていたのですが、何だか、わたしに対してよそよそしい気がするんです、そのスーパーセブンは。

フツーの石なら、見ているうちに顔なじみになるような感覚があるのですが、その石からは、こっちをまったく見てくれない素っ気なさのようなものを感じていました。

スーパーセブンを心の支えにしたい

仕入れて数カ月経った頃、以前わたしのショップでアメジストのネックレスをお迎えしてくださったお客さまが、このネックレスにとても助けられたから、次もまたアメジストをお迎えしたいと連絡をくださいました。

そのとき持っていたアメジストと、「これもアメジストが入っているか……」と、そのスーパーセブンの画像をお送りしたところ、とても気に入っていただき、ネックレスをオーダーしてくださいました。

その後、何度かやり取りをするうちに、その方はとても大きな病気を抱えながら、仕事においてもつらい状況が続いていることがわかりました。

しかも、いまはそれを話せる友人も近くにいないので、ぜひこのスーパーセブンをお迎えして心の支えにしたい、ということでした。

それを知ったとき、このスーパーセブンは、初めから困難な中にあるその方のところに行くために、わたしのところへきたのではないかと感じました。わたしのほうを見てくれないように感じていたのは、その方を救うために向かうのだ、という熱いひたむきさのせいだったのではないか、そんな気がしたのです。

不思議なことに、その方から石を探しているという連絡をもらう前日の夜、わたしはその石を久しぶりにしばらく握っていました。

いま思えば、なついてくれないと感じていたスーパーセブンが、「もうすぐ旅立つよ」とわたしに別れを告げてくれていたのかもしれません。

あの石はわたしが思っていたよりも、ずっとずっと熱く、情の深い石だったのではないか……。いまはそう思えてなりません。

あの人を救える石はこれしかない

もう一つ別のスーパーセブンも、とっても印象的な旅立ち方をしました。

その石は小さなピースの中に赤と黒のゲーサイトが放射状に広がって、自然の造形の妙を体現しているような、とても美しい石でした。さっそくネックレスにしてショップに出品したものの、なぜかしばらく動きませんでした。

とても素晴らしい石なのに持ち主さんがなかなか決まらないなぁ……。

そう思ったわたしは「本当の持ち主さんを早くつれてきなよ。こんなにきれいなんだからずっとここにいたらもったいないよ」と笑顔でその石に語りかけました。

それから数時間後、知り合いからメールが届きました。

〈数日後に手術をします。人生の重大な局面のような気がしています。わたしの元にきてくれるという石がありましたらどうかお願いします〉

というような内容でした。

そのときすぐに頭に浮かんだのがあのスーパーセブンでした。あの人を救える石はこれしかない、そう思いました。

〈一つぴったりの石がありますので送りますね〉

そう返信して、梱包するためにスーパーセブンのネックレスを手に取ったとき、先ほど、「本当の持ち主を早く連れてきなよ」と話しかけたことを思い出しました。

今でもこのネックレスをお迎えくださった方からときどきメールをいただくのですが、このスーパーセブンに名前をつけて恋人同士のように寄り添っていらっしゃるとのことで、どんなときでも片時も離さない大切な相棒となっているようです。

あの美しい石がこんなにも人の心を温め、寄り添っているのかと思うと、本当に奇跡のように感じます。

スーパーセブンの意味や効果をネットで調べると、仕事運を上げ、全体運を上げ、ある意味最強のパワーストーンのような言われ方をしていますが、**わたし個人の見解は、最も必要とされているところに自分から飛んで行って救う石、です。**

続・スーパーセブン

自分を信じるということ

自分を信じるってどういうことだろう

もうひとつ、スーパーセブンについて、わたしのエピソードをお話しします。

いまから5年くらい前、わたしは、人間関係や、自分自身のことで迷いがあって、なんとかその迷いから抜け出そうと、必死にもがいていました。

何かがうまく行っていない……。何か大切なことがわかっていない……。それは何なんだ？　というような漠然としているけど無視できない違和感というのでしょうか、そんなものがありました。

その頃のわたしは、人間関係で問題を抱えていました。親しくなった人が、ある日を境に急にわたしに対して不機嫌になったり、意地悪になったりということが頻発し、これにはさすがに自分にも何かしらの原因があるのではないかと考えるようになっていました。

そして、知り合いからヒーリングを受けたり、自己啓発系の本を読んで自己分析していく中で徐々にカギになっている要素が浮かび上がってきました。

それは「自己評価の低さ」です。

自己評価が低いと、何をやっても「わたしなんて」という気持ちが顔を出し、その気持ちがチャレンジしたり、自分から発信することを知らぬ間に妨げているのではないか。失敗した自分には価値がないと考えると怖くて自由な発想や活動ができなくなっているのではないか。自己評価の低さがそのまま他人の評価にも影響し、まともな人間関係が築けないのではないか……。

そんな〝気づき〟があり、少し答えが見えたような気がしました。ヒーリングをしてくれた友人も「もっと自分を信じて」と言ってくれていました。

でも、自分を信じるって、どうしたらいいのでしょう。

これまでも、まったく自分を信じていなかったわけではないので、もっと深いところで、ということだと思うのですが、そのやり方がわからず、今度はそれで悩んでしまいました。

自分を信じる、自分を信じる……ああ、これ以上どうやるの？

でもそれがわからないと次のステージには進めないような気がして、表面上は楽しく生活をしていましたが、心のどこかがとても苦しかったことを覚えています。

スーパーセブンから伝わってきたメッセージ

そんな折、ある日たまたま小さなスーパーセブンを手のひらに乗せてソファに座っていました。わたしはたまにそのときの気分に合う石を手の上に乗せたい衝動に駆られることがあります。握りたい石を握っているととても心が落ち着いて、癒されるのです。

すると突然、握っていたスーパーセブンからメッセージが伝わってきました。


自分を信じるということは、常識や思いやりよりも、自分の思いを優先すること。

自分に合った健康法、食事、仕事を知ること。
自分のことを自分自身で癒せるようになること。
誰よりも自分自身のことを知り、自分のためにできる限りの力を尽くすこと。

いままで自分の価値観にはなかった考えが突然降って湧いたように頭の中を占領していました。
「そっ、そうなの？」と驚く自分と、「そうか！」と確信を得た自分が混在していて、まるでセレスタイトからメッセージを受けたときのように、瞬時にシンプルな自信に満ちあふれていました。

想像を超えた状況判断、知恵、行動力、情の厚さ

その日から、わたしは相手の都合を優先して意に沿わないことを引き受けるのを意識してやめるよう努力し始めました。すぐにはできませんでしたが、まずは意に沿わないと感じていることに気づくところから始めて、気づけたら断るようにしました。

自分に合った化粧品、漢方、整体、ヒーリングサロン、そして石！　などを知って、心身に何か不具合があったらすぐに最適な方法で対処できるよう努めました。

自分のことを自分で癒すことについては、不安や怒りに苛《さいな》まれたときに言葉を使ったアファメーションで「大丈夫だよ、相手のペースに巻き込まれなくてもいいんだよ。わたしはわたしを守っていいんだからね」などとそのときの自分に必要な言葉を自分自身に言ってあげながら、身体の不快な部位を安心感が湧いてくるまで撫でてあげました。

そうするとどうでしょう。

とても生きやすくなりました！　自分の人生の手綱を自分で握っている！　という充実感がみなぎってきたのです。

石からの「自分を信じる」のメッセージを受けて「自分の想いを最優先にすること」については、言われてみればまだ想像できる範囲内ではあったものの、自分に合ったものを知ることや、自分にできる限りのことをしてあげることが、自分を信じることにつながっていくなんて思いもよらないことでした。

スーパーセブンは一般的にもパワーの強い石、運気を上げる石として知られていますが、

実際にその効果を体験してみると、想像を超えた状況判断、知恵、行動力、そして情の厚さに圧倒されます。

天然石はどれもそうですが、コマーシャル的に広められた効果や意味では語りつくせない真の愛やドラマを秘めた存在です。

わたしはいまでも迷いが生じると「自分のために全力を尽くしているか？」と自分に問いかけながら次の行動を決めています。そしてそれが実際に自分に対する信頼感につながっていることは言うまでもありません。

ママ友のみゆきさん

一日で宇宙から地中まで旅した話

わたしと違って強い霊感の持ち主のみゆきさん

わたしにはみゆきさんという仲の良いママ友がいます。

子供たちが小学生の頃、みゆきさんの一人娘と、うちの下の息子が同じクラスで、担任の先生が二人のノートを取り違えて渡すというマンガのような出来事があり、それがきっかけで、親同士が連絡を取り合うようになり仲良くなりました。

そこからは一緒にランチをしたり、悩み事を相談し合ったりするようになったのですが、彼女はわたしと違って強い霊感を持っていました。

どうしてそれがわかったかというと、彼女は手相を観るのが得意だったので、ときどき観てもらっていたのですが、だんだん彼女がくれるアドバイスが手相の範疇を超えてきて、わたしの顔を見ただけで「いま、旦那さんが疲れているから気をつけてあげて」とか、「仕事運上がってるよ」と教えてくれるようになりました。

そこから何となく、手相だけではない彼女のスピリチュアル能力の高さを認識するようになっていった、という感じです。

ある日、みゆきさんとランチを食べた後、お茶を飲みながらおしゃべりをしているときに、わたしがマクラメ編みでネックレスを制作し、ネットショップやフリーマーケットなどで販売していることを話すと、みゆきさんは「わたしも石が好きだからネックレスを見せて」と言ってくれました。

数日後、みゆきさんに似合いそうなネックレスをいくつか見繕ってお家にお邪魔しました。

テーブルにスタンド式の鏡を置いて「これ似合いそう！」とか「次はこれつけてみて」

なんてワイワイやっていたのですが、小さなベラクルスアメジストという石のついたネックレスを身に着けた途端、霊感の強いみゆきさんは「ちょっ、ちょっと待って！」とパニックに陥りました。

祥「えっ？　どうしたの？　大丈夫？」

わたしは何が起きたのかまったくわからずに、ただただおろおろするばかり。

み「わわわわわー！　どこ行くねーん！」（大阪出身）

祥「どこ行くねん、って……」

み「わたしいま、どんどんこの家から離れて上昇してんねん。いまいる家が真下に見えとんねん！」

祥「やだー。戻ってきてー！」

相変わらずみゆきさんは目の前にいるのですが、わたしたちを見下ろしながら魂（？）だけ空に向かって急上昇しているというのです。

祥「ねえ、ねえ、どうしたらいい？」

み「あっ」
祥「えっ？」
み「止まった」
祥「どこに⁉」
み「わたし今、宇宙からうちらを見下ろしてる」
祥「なんやて⁉」

もうわたしまで関西弁です。

目の前の彼女はフツーに存在していて、わたしとしゃべることもできるのですが、意識の一部はぐんぐん上昇して宇宙空間からわたしたちを見下ろしているというのです。

ルビーやラピスラズリを身に着けると疲れ切ってしまう

みゆきさんはこの状況を少し楽しむように味わうように一点を見つめたまま解説してくれました。

「この石は宇宙的な意識とつながる作用があるんやなー。上のほうから自分らを見下ろさせて、この世界の中での自分の存在の小ささを教えてくれようとしとんかなぁ」

そこまで言うとみゆきさんは、ふぅ、とため息をつきながらネックレスを外しました。

わたしは目の前で起きたことにまだドキドキしていました。

二人はちょっと試着をやめてお茶を飲んで気を落ち着けました。みゆきさんもこんなことは初めてだったそうです。

ただ、みゆきさんは感覚が敏感過ぎて、石が好きなのにいろいろな石を身に着けられないとのこと。身に着けられるのは本当に穏やかなローズクォーツやアメジスト、真珠くらいで、ルビーやラピスラズリなどを身に着けると石に翻弄《ほんろう》されて疲れ切ってしまうそうです。

少し落ち着いてから、わたしたちはまたネックレスを選びはじめました。みゆきさんはやはり本当の石好きのようで、あんなことがあったにもかかわらず、ネックレスをどれかひとつはお迎えしたいと思っているようでした。

わたしはそのとき、自分が身に着けている石のことを思い出しました。その石はクォンタムクアトロシリカといって、四つ（クアトロ）の鉱物が混ざった青と緑のとても美しい石で、わたしの大好きな天使と繋がる系の石でした。

「今度は地球を潜っとんねん」

（みゆきさんがこの石を着けたらどうなるんだろう……）

みゆきさんには申し訳ないのですが、もうわたしの好奇心は止められませんでした。

祥「ねえ、みゆきさん。わたしが着けているこの石、天使と繋がるって言われてるんだけど、みゆきさんが着けたらどうなるかな」

み「ほな、着けてみよか」

わたしたちはドキドキしながら、何かしらの反応が起きるのを待ちました。

み「わわわわわわー！　ヤバい！」
祥「今度は何ー⁉」
わたしは一瞬で後悔しました。好奇心に負けて、またみゆきさんを危険な目に遭わせてしまったのでしょうか。
み「今度は地球を潜っとんねん」
祥「嘘ぉ？」
み「ほんまやて。わわわわわー。どこまで行くのこれ⁉」
み「あっ」
祥「なに？」
み「止まった」
さっきと同じ展開です。
み「ほほぅ。そうなっとるか」
祥「なになに？」
み「いまな、地球の中心に到達したんやけどな、地球の中心にも宇宙があんねん」

祥「？・？・？」

もうここまでくると、見た人にしかわからない世界になってきますが、みゆきさんが話してくれた内容はこうです。

地球をずどどどどどどと潜って行くと、やがて中心部に達し、そこにも先ほど見た宇宙があるというのです。**そこにあるのはすべてを包み込む母の愛のような安心感だったそうです。**

「地球とグラウンディングする」は本当だった

最終的にその日みゆきさんは二つのネックレスをお迎えしてくれました。

ひとつはブルーのシラーが美しいラブラドライトのネックレス。

もうひとつはなんと！　先ほどみゆきさんを強引に宇宙に連れて行った小さなベラクルスアメジストでした！

わたしは「本当にこれでいいの？」と念を押しました。

その後もときどき、みゆきさんとは家を行き来して、ときどき石を見せたり、子供のことを相談したりと、ちょっとスピリチュアル感はあるけれど、ほぼフツーのママ友づき合いが続いています。

会うときには、わたしからお迎えしてくれたネックレスを着けてくれていることがあるのですが、もう、宇宙まで飛んで行ってしまうことはないそうです。

あのときのみゆきさんの素直な反応は、わたしにはとても勉強になりました。

ネットでいろいろな石の効果や意味を調べるのが好きなわたしでしたが、「どこまで本当なんだろう」という気持ちも多分にあって、半信半疑で楽しむ占いのような感じだったのですが、こうやって**石を身に着けるたびに宇宙まで昇って行ったり、地下深くに潜って行ったりするのを間近に見ると「宇宙意識と繋がる」とか「地球とグラウンディングする」というのは本当だったんだ、**と感心しました。

石の意味とか効果は、歴史の史実に残されていた記述や言い伝えをもとにしたものが大半を占めますが、最近では著名なスピリチュアル・ヒーラーの方たちがリーディングをしたものを発表したり、細かく感じ取ることのできる方たちの評価をまとめたものも増えてきているようです。

同じ種類の石でも個体によって差があるとは思いますが、リーディングができないわたしたちには大いに参考になる情報だと思っていいのではないでしょうか。

わたしにはスピリチュアル能力があるの？　ないの？

ここまで読んで、「この本の著者は『私はスピリチュアルじゃない』って言っておきながら、石からメッセージを受け取ったり、効果を感じ取っているよね。それはスピリチュアルではないの？」と疑問を持たれる方がいるかもしれませんね。それについて、ここでお話ししておきます。

わたしの思う「スピリチュアル能力」とは、

・霊が見える
・自分の意思で石のリーディングができる
・オーラとか、石のエネルギーが見える
・高次元の存在とやらとコミュニケーションが取れる

そのような意味で言っています。それはわたしにはない能力です。

でも例えば、飼っているネコの気持ちがわかる人がいたとしても、その人はネコ語がわかる超能力者ではありませんよね。ずっと一緒にいるから大好きなネコが何を欲しているか、どうしたいのかがわかるようになった、だけです。

ペットの気持ちがわかるように、わたしは石のことが少しずつわかるようになっていっているのだと感じています。

ここに書いているさまざまな石の効果も、実際に起きた現象や感じ取ったことを分析、考察し、そこから仮説を立て、生活の中で検証しているだけで、そこに超能力的なものはあまりないように思います。

なのですが、わたしには石のモチベーションを上げる能力？　があるのかな、と感じることもあります。

ときどきお客さまが石を購入されるときに、今の自分の状態や希望についてメッセージを添えてくださることがあって、それを読んだわたしが、お客さまのことを思いながら石を梱包し、発送すると、お客さまから「まだ届いていないけど、家に置いてある石たちがざわついています」とか「箱を開ける前からエネルギーがモクモク出ていました。石に何かしてくれたのですか？」などと言われることがよくあります。

わたしはお客さまの気持ちを受け取って「この方、自分のことをもっと好きになりたいんだって。サポートしてあげてね」とか「なんとかこの困難を乗り越えようとしているから力を貸してあげて！」などと思いながら発送作業をしているだけなのですが、そう思うことでお客さまのもとに届いた石のやる気がまったく違うらしいのです。

なぜそうなるのか、わたしにはまったくわかりませんが、石のモチベーションが上がることはお客さまにとって良いことなので「悩み事や希望があれば、石に伝えます」というサービスを無料でやっています（笑）。

結局わたしにはスピリチュアル能力があるのでしょうか？　ないのでしょうか？

誰か教えてー！

第2章

特殊能力はいらない！

石からイメージや効果を自由に感じとろう

石の感じ方

スモーキークォーツを使って説明します

石好きを見分ける簡単な方法

わたしがイベントなどでマクラメした石のアクセサリーを販売したり、知り合いに見せたりしているうちに「自分では自覚していないけれど相当な石好き」がいることがわかってきました。そしてそれを見分ける簡単な方法があることに気づきました。

自分で石好きを名乗っていなくても、石を見せたときに「ちょっといい？」と言いながら窓際に（ときには屋外に）石を持って行って、照明の光ではなく、自然光のもとでどんな色をしているかを見ようとしたら、それは無自覚の石好きさんです。そういう人、けっこういるんですよ。

石のグレードというのは、透明度、発色、クラック（傷、ひび割れ）の数などで決まります。透明度が高くて色が鮮やかで、傷のないものはジェムグレードといって宝石に分類され、パワーストーンとは比べ物にならないほどの高値がつきます。

でも、わたしの知っている石好きさんは、完璧にカットされ磨き抜かれたジェムグレードの石よりも、もっと表情のある掘り出したままの天然石に惹《ひ》かれています。

本来は石のグレードを下げるはずの濁り、内包物（石が育つ途中に取り込んだ泥や他の名もなき鉱物）、クラックなどに愛着を感じて、そこばっかり見るのです。そこにこそ石の個性や生きざまがある、とでもいうように。

そういう意味で言うと、このスモーキークォーツ（いま、わたしの手の上にあります）。形も左右対称ではないし、スイスのスモーキークォーツのように目を見張るほどの透明感もないのですが、わたしは大好きなんです。

すりガラスのように半透明な水晶の内側に、モワッとにじむスモーク。そのスモークは真っ黒じゃなくて少しブラウンにも見えて「コーヒーシュガーのような味がしそう！」と思いつくと、今度はガリっと噛んでみたくなり、その歯ざわりまで想像してしまいます。

透明と言っていいのか、不透明と言うべきか、いつまでも考えていたい。そんな味のあるスモーキークォーツ。

もし、この石が人間だったら（どんな想像⁉）、この素朴さ、あどけなさ、ちょっと優しく寄り添ってくれる感じ、きっと大好きな友だちになれただろう、と思わずにはいられません。

石を好きになってみようかな、と思う方がいらっしゃったら、ぜひ、自分だけにわかるよさや、不完全であることのよさを味わうという視点から石を見てみても面白いのではないかと思います。

風と光のアンダラクリスタル

宮沢賢治の世界

大袈裟ではなく、心が喜びに打ち震えた一文

ところで皆さん、いままで読んだ文章の中で一番感動したものを覚えていますか？

覚えているという方、本を読むのは好きだけど一番感動したのはどれだかわからないな、という方、いろいろいらっしゃると思います。

わたしはしあわせなことに、人生で一番感動した文章をはっきりと覚えています。それは宮沢賢治の『注文の多い料理店』が収録されている本の「序」すなわち、プロローグです。

それを読んだとき、大袈裟ではなく、心が喜びに打ち震えました。最初の短い一段落を

読んだところで一度本を閉じ、胸に押し当てて深呼吸をしました。
この日本に、こんなに美しい心を持った人がいた……。
そのときの感動と大きな喜びは時を経ても色あせることがありません。その最初の短くも美しい一文をどうかここでシェアさせてください。

〈わたしたちは、氷砂糖をほしいくらいもたないでも、きれいにすきとおった風をたべ、桃いろのうつくしい朝の日光をのむことができます。〉（出典：新潮文庫『注文の多い料理店』宮沢賢治）

この文章を読んだとき、この「きれいにすきとおった風」と「桃いろのうつくしい朝の日光」を表現できる色は現実にはきっとないだろう、と思いました。心の中にだけ存在する色で、とても現実社会の中で手に取れるものの中にこの色はないのだと。そう思っていたので探そうとさえ思っていませんでした。

でも、ありました。

初めてあの美しい文章に出会って三〇年近く経ったいま、何と見つけました！　それがアンダラクリスタルです。

それはそれは鮮やかなキャンディーカラー

アンダラクリスタルとは火山性の天然ガラスで、それはそれは鮮やかなキャンディーカラーをしています。原石は透明感のある美しいガラスの欠片《かけら》のような姿をしていて、カットしたり研磨したりせずに、そのままマクラメ編みのネックレスにするととてもカッコいいので、まとめて仕入れたことがありました。

その中に「あっ！　桃いろのうつくしい朝の日光だ」と思うものがありました。夢のような桃いろをしたアンダラ（口絵⑥）です。そしてその直後に「あっ！　こっちはきれいにすきとおった風だ」と思うものがありました。それは透明に近いほど薄いブルーのアンダラでした。

宮沢賢治の「序」の中の、心の中にしか存在しないはずの色を、手のひらに載せたときは感慨深いものがありました。

そもそも、宮沢賢治は大の鉱物好きだったことをご存知ですか？　彼のお話の中には、ちょこちょこ橄欖石《かんらんせき》、いまでいうペリドットなども出てきます。「楢ノ木大学士の野宿」というお話は、もう、石好きのロマンがこれでもか、と詰まっている素晴らしい作品です。

宮沢賢治の時代には、日本では採れないアンダラクリスタルはなかったと思うのですが、わたしはあの夢のような色のクリスタルの中に、ときどき宮沢賢治の文章に出てくる色を見ることがあります。

ちなみに小学生が国語の授業で習う「やまなし」の澄んだ川のイメージは、シーフォームと呼ばれる、泡をたくさん含んだブルーグリーンのアンダラクリスタルです。まるで蟹の親子がぷくぷく出している泡粒まで再現されているようです。

時折、アンダラクリスタルを眺めながら宮澤賢治の物語に想いを馳せる時間は、わたしにとって癒しであり至福のひとときとなっています。

赤のアンダラクリスタル

女心の本質

心がグッと掴まれて強く揺さぶられた

みなさんは自分に似合う色は何色だと思いますか？
わたしは、自分に似合うとしたらオフホワイトとか薄めの色かな、と思っています。

ではみなさんが好きな色は何色ですか？
わたしは「絶対コレが好き！」という色はないのですが、さわやかなレモンイエローやオレンジ、水色とかが好きです。まあ、わたしの場合、どちらも少し消極的な色かもしれませんね。

でも、ある赤いアンダラクリスタル（口絵⑦）を見たとき、心がグッと摑まれて強く揺さぶられました。

まるでわたしの中の枯れ果てた女性性がぶわっと息を吹き返したかのごとく、「赤」という色に対する憧れのようなものがよみがえってきました。

なかなかそこまで強く何かに惹きつけられることってふだんはないのですが、「わたしなんかに似合わない」なんて遠慮も息をひそめるほど強烈に「身に着けたい」と思いました。

考えてみると一流ブランド品などは上手に赤を使っています。

シャネルの真っ赤な口紅、ルブタンの黒いハイヒールの真っ赤な底裏など、やはり赤は女性に「欲しい！」と思わせる何かを持っているのでしょう。

そう言えば、男性が女性にプロポーズするときも、真っ赤な薔薇の花束をプレゼントするのがひとつの定番となっていますね。

それにも赤の魔力が関係しているのかもしれません。迷いを吹っ切って手を伸ばしたくなる赤の力を男性はこっそり借りているのですね！

特にアンダラクリスタルの色はとても鮮やかで、これこそ、赤の中の赤！　という色をしています。手に取ったときの感触もとても印象的でした。

ものすごい熱量の情熱と、奥にスッと通った軸

この天然ガラスの奥にはアンダラがアンダラたる所以《ゆえん》みたいな、細くてしなやかで強靱な軸がスッと一本通っていて、それが膨大な熱量の支えとなっている、そんな印象を受けました。

とにかくすごくかっこいいエネルギーなんです！

赤のアンダラクリスタルは、ファッションに関してはとてもアグレッシブとはいえないわたしに「似合う、似合わない」を考えさせずに「ただ身に着けたい」と思わせてしまう強烈な魅力を放っています。

青い石の効果

コミュニケーション能力向上をサポート

石には色ごとに共通する意味や効果もある

パワーストーンは、それぞれに深い意味を持っています。またそれとは別に、色ごとに共通する意味や効果もあります。

例えば、黒っぽい石は魔除けを得意とし、ピンクや赤の石は愛情に関する働きがあります。

そして、**青い石にはざっくり「コミュニケーション能力の向上」「自己表現をサポート」「幸せを呼ぶ」というような共通する意味合いがあります。**

最初にそれを知ったとき、コミュニケーション能力の向上ってどういうことだろう、と思いました。

おしゃべりが上手になるのかな……だとしたら今度友だちに会うときに身に着けて行ってみようかしら。とっても楽しくおしゃべりができるのかもしれない。

そう思ったわたしは、次にママ友に会うときにアマゾナイトという晴れた空のような鮮やかなスカイブルーの天然石を身に着けて行きました。

いつものようにランチをしながらおしゃべりをしていましたが、特にいつもと違うことは起きませんでした。

「まあ、わたしも、もともとしゃべるのが苦手なわけじゃないからコミュニケーション能力の向上といっても実感しづらいかも」と思って、その後はアマゾナイトのことも忘れて、いろいろな話に花を咲かせました。

その会話の中で、ママ友が先日、他の保護者と一緒に学校で花壇に花を植えるお手伝いをしていたときの出来事を「ちょっとしたトラブルがあったの」と話し始めました。

なんでも、自分の意見を曲げない人が一人いて、せっかくみんなで集まった限られた時間の中で作業がまったく進まなかったというのです。

わたしも偶然その原因となった人を知っていたため、

「ああ、あの人ね。意見を言うのはいいんだけど、間違っていても謝らないところがあるよね」

と、軽く共感する言葉を口にしました。

すると、目の前にいるママ友がその言葉に少し動揺したように見えました。

「あれ？　何か変なこと言ったかな？」そう思いながらも「でも、この人のことを言ったわけじゃないし……」とわたしも少し困惑しました。


あとで考えると、そのとき会ったママ友も、少し意地っ張りなところがありました。でも、親切で気遣いのできる人だったので、わたしはあまり気にしていなかったのですが、もしかしたら直近で、家族か誰かに同じことを指摘されていたのかもしれません。

そして、あまりのタイミングの良さにわたしが言った言葉を、遠回しに自分のことを言われていると受け止めたのではないでしょうか。というのも、次に会ったときから彼女は何かあると「ありがとう」と「ごめんね」をことさら言うようになりましたから。

その変化を見たとき、わたしは思いました。これはアマゾナイトが、コミュニケーション能力の向上とはどういうことなんだろう、と思っていたわたしに、教えてくれたのではないか、と。

コミュニケーション能力の向上とは、ペラペラと口をついて楽しいおしゃべりができるようになることではなくて、言うべきことを言えるようになることなのだと。そうすれば、人間関係のバランスの悪さを自分で改善することができるんだよ、と。

それをママ友が自分に言われたと勘違いするタイミングでわたしにデモンストレーションのように見せてくれたのではないでしょうか。

石を持ってみることが自分の決意表明になる

それからも似たようなことが立て続けに何度か起こりました。

わたしはまったく相手を責めるつもりも嫌みを言うつもりもなかったのですが、つるんと口をついて出てきた言葉を、相手が「痛いところを突かれた」という風に誤解し、次から態度を改めてくれるのです。

わたしは別に、常々「態度を改めてほしい」なんて思っていたわけではなかったのですが、いざ改めてくれると、たしかに人間関係が楽になっていっていることは明白でした。


わたしは石の効果の奥深さに「なるほど」と唸りました。

つき合いの中で「これはちょっとおかしいな」とか「それは違うんじゃない」と思うことがあれば、関係を壊さないために黙っているのではなく、率直に伝えるべきなのだと思いました。

そうすれば相手にもわが身を振り返って態度を改善してくれる余地があり、その結果、もっとよい関係になっていくということが起きるのです。


わたしは青い石を身に着けていないときでも、言いにくいことを当たり前に言う練習をしました。悪意も嫌みも込めずに、そのままを伝えることを心がけました。そう、そもそもそんなことを言うつもりのなかったわたしがつるんと口にした言葉のように。

そうすると、やみくもに空気を乱さないように気遣った会話をしていたときよりも、相手がリラックスしているようにも見えますし、信頼関係が一段階深まったようにも思えました。

わたしは「本音を話すと相手が怒る」とむやみに思い込んでもったいないことをしていたのかもしれません。もっと信頼して踏み込めば、相手にも応える用意があったのです。

ここでは青い石という風にご紹介しましたが、このような**「真の自己表現をする」「コミュニケーション能力の向上」のサポートを得意とする青い石は、アマゾナイト、ターコイズ、クリソコラ、ブルーレースアゲート、セレスタイトなどが該当します。**

「人に合わせるだけの上っ面の関係にはもう疲れた。もっと、身近な人と本音でつき合いたい」と思っている方は、ご自分が「これだ！」と思う青い石を試してみてはいかがでしょうか。

まず、そうやって**石を持ってみること自体が、ご自分の中の決意表明にもなり、よりよい生き方の第一歩になって行くのだと思います。**

ピンクトルマリン

たたかいを止める色

ピンク色のイメージは……

みなさん、ピンク色にはどんなイメージがありますか?

「かわいい」「女の子っぽい」「ハートの色!」など、いろいろありますね。

でも、なんでしょう……、ピンク色にはそれだけじゃないものを感じるときがあります。色味によってもかなり違いますが、柔らかさと華やかさの奥に「迷いのなさ」「譲らない何か」「躊躇《ちゅうちょ》なき積極性」みたいなクッ! と強い何か。

わたしにはピンクが大好きな友人がいます。彼女はいつも何かとピンクを意識していて、ふだんからピンクの服を着たり、ブログを書くときのペンネームにもピンクという言葉を使っていたりと、躊躇なきピンク好きです。

なぜ躊躇なき、というのか。女性って意外と堂々とピンクを着たり、ピンク好きを名乗ったりするのに、どこか引け目を感じるものだからです。なぜだかわからないけど。自信のなさ、みたいなものでしょうか。

なので、彼女のように堂々とピンクが好きであることを公言している人はけっこう珍しく、その潔さに憧れたりもするくらいです。

そんな彼女が、ある日とっても綺麗で鮮やかなピンクのスカートをはいていたことがありました。目も覚めるような美しいピンクです。わたしは思わずこう言いました。

「世の中で一番美しい色を決めるのって難しいかもしれないけど、もしかしたらピンク色じゃないかと思ったことがあるの。

うちの息子が小さいとき、まだ男の子と女の子の違いもわからず、男らしいとか女らしいとかいう観念もないとき、ピンク色が一番好きだったの。いろんな色がある中で、ジェンダーという概念がなく、生まれてからの経験があまりない感性で飛びついたのがピンク色だったから」

「わー、うれしい！　そう言ってもらえるとうれしいな」

自分の着ているスカートの色をほめられた彼女は素直にとても喜びました。

色を変えるだけで戦争を止めることができる!?

ここからです。ピンクという色が持つ真の実力を思い知ったのは。

息子の話まで引っ張り出してピンクをほめたわたしに、彼女もふだん思っていることを話そうという気になってくれたのかもしれません。彼女はほがらかな笑顔で度肝を抜くような言葉を発しました。

「あのね、わたし思うんだけど、世界中の兵器や戦闘服をピンク色にしたら、戦争ってなくなると思わない？」

「………」（祥子、絶句）

戦闘服が？　ピンク色？

いつか特集番組で内戦をしている国のことをやっていたのを思い出しました。若者たちの間ではいつしか戦争がファッションになりつつあるというのです。

そのとき映像の中の男たちは渋い迷彩柄の上下に、真っ黒なサングラスをかけていました。葉巻をふかす若い男性の右手には黒光りする機関銃。

その番組では、そんなファッションに憧れて戦いに参加する若者が増えているという信じがたい事実が伝えられていました。

それが？　全部ピンク色だったら？

こんなハッピーな色を身に着けて、人の苦しみを生み出すような行為に手を染めることができるでしょうか。

地球上ではいまも戦争をしている国があります。その国では実際問題そんなことは言っていられない状況かもしれません。でも、領土拡大や、天然資源や労働力の搾取《さくしゅ》、長く続いた民族的、宗教的な違いからくる争いは、互いに言い分がある限り完璧な解決を求めるのはこれから先どれほどの時間を要するでしょう。

それなら、そうなのであれば、「不可抗力的に闘争心を削《そ》ぐ」という方向からの解決策を模索してみるのも無駄ではないと思うのです。

戦争はいつの時代も、その戦争によって利益を得る一部の人間が争いや憎しみの感情を扇動しています。負の気持ちを高めることで戦争を起こすことができるのなら、ポジティブでハッピーなピンク色を使って負の気持ちを削ぐことで戦争を起こさせないことも、もしかしたら有効なのではないでしょうか？

なぜか兵器や戦闘服がピンクになるだけで、憎しみ合うのがものすごく難しくなるという不思議！　ただ色を変えるだけで戦争を止めることができるかもしれない！　そんな簡単なことになぜ人類は今まで気づかなかったのか！

そのときのわたしは、彼女の言葉にとんでもなく難しいことを一瞬で終わらせることができるかもしれない可能性を感じていました。

ピンクトルマリンが気づかせてくれること

ピンクトルマリン（口絵⑧）のピンク色を見ていると、あのときのハッとした気持ちを思い出します。優しいだけじゃない、あらゆる都合を押し切って突き進む聞き分けのない愛の色。


いたわり合ったほうがいいじゃない！

お互いに助け合いましょうよ！

無益な戦いなんて、今すぐやめて！

わたしたちはみな愛し合うために生まれてきたのよ！

あの鮮やかな濃いピンクの奥には、そんな有無を言わせない圧倒的な愛が流れているように思えてくるのです。


世の中には、いつ報われるのかわからないまま一生懸命に夢を追いかけている方、子育てに奮闘している方、反抗期の子どもと向き合っている方、きつい環境でお仕事をされている方、老いてゆく親のお世話に励んでいる方などがいらっしゃいます。

そんな方々は、きっとピンクトルマリンの心をお持ちなのです。それらのことは、日々押し寄せて来るありとあらゆる理不尽や不条理を押し切って突き進む強い愛がなくてはできないことだからです。

ピンクトルマリンのあのピンク色は、日々を懸命に生きることと、たたかいを止めることと、そのどちらも理屈を超えた絶対的な愛なくしては成し得ないことだと気づかせてくれます。

モリオン

魔除け以外にもかわいい個性のある石

子どもの安全と親の安心の両方をもらう

モリオンはパワーストーン界でも最強の魔除け石といわれています。

たしかにそうかもしれません。**モリオンは霊的なものから、人からのマイナスエネルギーなど、あらゆる災いから身を守ってくれるといわれています。**

わたしは子供たちが手を離れるようになって、一人で学校に行ったり遊びに行ったりするようになると、大丈夫かな？　と、とても心配だったのですが、そんなときにモリオンを知って、さっそくマクラメ編みでキーホルダーを作って子供たちに持たせました。

そうすると、少しだけ自分自身も落ち着いて見守ることができるようになり、モリオンには子供の安全と、親の安心の両方をもらいました。

石のリーディングができる方に言わせると、モリオンの魔除けの仕方は、ゴンゴンゴーン！ と低いエネルギーのものを片っ端から跳ね返す感じだということです。基本的に、良いものは高い波動を持っていて、良くないものは低い波動を持っているものなのだそうです。

その話を聞いてから、それなら**ぜひ、玄関にも小さめのモリオンを置いてみよう**、と思い立ちました。

玄関の魔除け、頼んだよ！

わたしは過去に近所の年上の女性たちからかなりひどい嫌がらせを受け、そのことが原因で引っ越した経験があります。

嫌がらせを受けていたときの家は、ちょっとした袋小路になっている閉鎖的な場所にあり、近所の人たちは皆、わたしの親世代以上の高齢者で何十年もそこに住んでいる方たちばかりでした。そこへ、幼い子供を連れた、世代的にはかなり若いわたしたち家族がポコンと入ってしまった状態でした。

最初はとても静かな場所だし、周りの方たちも親切にしてくださっていたので、ここにきて本当に良かったね、などと主人とも話していたのですが、暇を持て余していたお金持ちのおばさま方は2、3年で親切に飽きて、そこからは亀の甲より年の功とばかりに悪智恵を働かせて次から次へとこぞって嫌がらせを仕掛けてきました。

たとえば、何人かのおばさま方が道端で話しているところにわたしが家から出てくると、「あっ！　きたわよ！」と目くばせをし合って、蜘蛛の子を散らすようにあわてて家に入って鍵を締める、とか、町内の回覧板の役員を「あなた、どうせ暇なんだからやりなさいよ！」と言って何度も押しつけてくるなど。それはまるで昼ドラか何かでしか見たことのないような、絵に描いたような嫌がらせでした。

そのときのわたしは今よりもずっと若かったし、幼い子供を抱えていたので本当に大変な思いをしました。
そんなことがあった事情もあり、その家から引っ越したいまでも、玄関にはぜひ魔除けのものを何か置いておきたいと強く思ったのです。

しばらくいろいろなモリオンを見て吟味《ぎんみ》し、色、形、共に気に入ったチベット産のモリオンのポイントを手に入れました。きれいに水洗いして、乾いた布で拭いてテーブルの上に置き、ああ、やっと玄関にモリオンを置ける。うれしいな。玄関の魔除け、頼んだよ！と、心の中でモリオンに話しかけました。すると、小さなモリオンのポイントからむくむくと「よし頑張るぞ！」というようなやる気に満ちた気配が伝わってきました。

なんかかわいい石だな、と思いました。引っ越す前の、あの嫌がらせを受けているときにこの石に出会えていたなら、また違う展開になっていたかもしれない……。そう思わずにいられないくらいの頼もしさでした。

モリオンは日向ぼっこが好き

そこからわたしはモリオンの魅力にハマって、もっとモリオンが欲しくなりました。いろいろなショップでモリオンを探しているうちに、今度は国産のモリオンを見つけました。

ええーっ！　日本でもモリオンが採れるの？

これまで探していた中では中国産が最も多く、あとはチベット産、内モンゴル産という感じでした。値段はグンと上がりますが、ヨーロッパ産なども少し見かけました。偶然かもしれませんが、わたしが国産のモリオンを見たのはそれが初めてでした。

しかも、その国産モリオンはレコードキーパーといって、たくさんの三角形がポイントの先端の面にダダダダダッと折り重なるようにいくつも浮かび上がっていました。その三角形はレコード（成長痕）とよばれ、先端が尖《とが》ったかたちに育つ際に、成長痕が平らにならずに三角形の刻印のように先端の面に痕を残したもののことです（口絵⑨）。

レコードキーパー（成長痕を持つもの）の水晶やモリオンは、全体の中ではとても珍しく、瞑想しながらその浮かび上がった三角形（成長痕）に触れると、現代人をはるかに凌ぐ知恵と文明を持っていたとされる古代アトランティスの情報やメッセージ、叡智がもたらされると言われています。ロマンがありますね！

そのモリオンもまるでレコードキーパーのマスター性を体現するように、ほかのモリオンに比べると、あきらかに黒々としたツヤがあり結晶のエッジがキレッキレでした。それは「自然に土から出てきたものがこんなに磨き上げたような姿をしているなんて」と目を見張るほどの存在感でした。チベット産の倍の値段がついていましたが、わたしは迷いなくお迎えしました。

その子は、先にお迎えしていたチベット産のモリオンと交代で玄関の守護をしてもらったり、窓際に置いたりしていたのですが、ある日、日光を当てて浄化をしようと考えて、いくつかの石と一緒にベランダに出したことがありました。

外に出して数時間たっぷりと日光を浴びさせ、そろそろ部屋に戻そうと石を取り込んでいたとき、またモリオンから心の声が漏れ聞こえてきました。

もうちょっとこうしていたかったな……。

わたしに伝わってきたのはそんな、ものすごく残念な気持ちでした。

「じゃあ、もう少しここにいていいよ」

わたしはそう言って二つのモリオンだけ、もうしばらく外に出したままにしておきました。

モリオンは日向ぼっこが好き、ということがわかってから、よく日が当たるテーブルの上に並べて置いてあげたりしています。日向ぼっこをしているモリオンを見ているとっても気持ちよさそうで、こちらまで癒されてしまいます。

世の中のモリオンについての説明は魔除けの石、の一点張りですが、わたしにとっては瞬時に湧き出た気持ちがポロッとこぼれ落ちるかわいい石です。

みなさんも、もし魔除けのためにモリオンをお迎えするときは、魔除け以外にもかわいい個性のある石だと思って眺めてみてください。日向ぼっこをしているときに「気持ちいいかい？」と話しかけると思わず返事をしてくれるかもしれませんよ。

現状打破にフェナカイト

最も波動の高い石

とにかく強い石を持ってみる

自己実現をして、イキイキと日々をすごしたい！　仕事もプライベートも充実させて、満足できる人生を堪能したい！

どんなにそう思っても、道があまりにも遠そうでため息をつきたくなるときはありませんか？　もう、どんなに頑張っても報われそうにない……。思わずそう感じてしまう気持ち、わかります。

でも、世の中にはあなたが報われる方法はひとつだけじゃなく何千、何万通りもありま

す！　そのどれにせよ、あなたが満足し、輝いていればいいわけです。

問題はどうやってそこにたどり着くか。何千通り、何万通りあるうちのどれか一つをどうやって手繰り寄せるか。

わたしもずっとそのことに悩んできた一人です。頑張りたいんだけど、何を頑張れば充実した人生になるのかわからない。何とかしたいんだけど、どうしたらいいのかそのきっかけさえ思いつかない。

やる気はあるのに方法を思いつかないときって、苦しいです。

そんなときの荒業をご紹介します。

「とにかく強い石を持ってみる」です。

これはもう、何も思いつかないとき「人事を尽くして天命を待つ」を少しだけ積極的にしたものです。ただ待っているのもなんだから、強い石を持って待ってみるのです。

目の前の厚い壁をぶっ壊してくれる強い石を探し回る

わたしもいろいろな強い石を持ってみましたが、一番その効果を感じたのがフェナカイトでした。この石はパワーストーン界で最も波動の高い石のひとつと言われていて、お値段もかなり高額になっています。

でも、現実に変化をもたらすほどの強い石、となるとやはりわたしはフェナカイトが一番わかりやすかったかな、と思います。

当時、とにかく現状打破したくて仕方なかったわたしは、目の前の厚い壁をぶっ壊してくれるような強い石、どうせ強いなら一番強い石！　と探し回り、フェナカイトにたどり着きました。

そのときのわたしは、強い石酔い（石のパワーが強過ぎるときに起きる頭痛や倦怠感など）があるのではないか、とか、石のパワーが強過ぎたとき自分に対応できるか、などということにはほとんど気に留めず、好奇心のおもむくままに、そのときめぐり合ったミャンマー産フェナカイトの小さなピースをお迎えすることにしました。透明な薄黄色で柱状の結晶そのままのピースです。

ふだんは石を選ぶときにパワーストーン的な効果をそこまで意識しないわたしですが、このときばかりは「どんなことが起きるんだろう……」とワクワクが止まりませんでした。

こんなことって、あるんだ……

そしてその効果は思っていたよりもずっと早く表れました。それはまだ、フェナカイトをお迎えすることを決めて石屋さんに送ってもらっている途中の、手元に届いてもいないタイミングでした。

ずっと待っていた仕事のオファーが突然舞い込んできたのです。

わたしはある仕事にずっと以前から登録してはいたのですが、もう2年近くなんの反応もありませんでした。

そんな状態だったので、これは実際はあまり稼働してない組織なのかもしれない、くらいに考えてすっかり忘れていました。それが突然「こんなお仕事があるのですがいかがでしょう」と連絡が入ったのです。

ただ、その仕事は担当の方から詳しく話を聞いてみると、条件があまり良くなくて、後で後悔するのも嫌だったので、こちらの都合や要望を話して泣く泣くお断りしました。

そうすると、しばらくしてわたしが気になっていた条件すべてがクリアされた形でもう一度オファーをいただきました。

こんなことって、あるんだ……。

そんな心境でした。

今までどんなに望んでも思うような仕事がこなかったのに、自分から断ってもさらに良い条件でやりたかった仕事がもたらされたのです。

わたしがお迎えしたのは本当に小さな小さなピースだったのに、あまりに早く、評判通りの効果が表れたので、ちょっと信じられない気持ちでした。

他の石を活性化させる

フェナカイトがきてしばらくしてから、あれ？　最近、アクアマリンを着けて出かけると、気分がよくて、また次も着けたくなるな！　という感覚がありました。

ペリドットもしかり。すぐにわかったわけではないのですが、これらの石を身に着けていると、これまでよりもパワフルに効果を感じて、なんか楽しいのです。「またこれを着けたい」と感じるということは、心や身体のどこかがヒーリングやパワーチャージなどの恩恵を受けている、ということです。

よく考えてみると、それはフェナカイトを他の石と一緒に置くようになってからでした。わたしはフェナカイトが手元にきてすぐに、マクラメ編みのネックレスにして身に着けていたのですが、身に着け終わったら他のネックレスと同じ場所にしまっていました。

つまり、フェナカイトを一緒に置くようになってから他の石が活性化しているのです！　特に変化があったのが、アクアマリンとペリドットでした。

それで思い出したのですが、**フェナカイトやモルダバイトのような波動の高い石は、他の石を活性化することがある**と何かで読んだことがあります。
「それって本当だったんだ！」まさか本当にそうなるとは思ってもみなかったので、とてもうれしい驚きでした。

パワフルで信頼のおける石を持って天命を待つのも悪くない

その後も、**何か大切なことを決断したり判断したりしなくてはならないときには、フェナカイトを持ち歩くようにしています。**

フェナカイトを持っただけで現状打破できるという話ではありませんが、これまでにはなかったキッカケをくれたり、日々の判断をサポートしてもらうことで、少しずつ軌道修正を積み重ねて最終的に大きな変化を生み出すことならできると思っています。

仕事を変わるとき、家を引っ越しするとき、子どもの学校を選ぶときなど、**人生の重要**

なイベントとなる出来事があるときは、フェナカイトに相談してみるのも面白いかもしれません。

力を借りたいときは「サポートしてね」とか「一番よいものを教えて」などと軽く声を掛けてから身に着けてみてください（ネックレスでなければ、ポケットやバッグに入れておくなど）。何をサポートしてほしいかは、フェナカイトですもの、波動を通して完全に、いや、あなた以上に理解しています。

「結局神頼みか」と怒られるかもしれませんが、人事を尽くして、それでも諦めるしかないなら、パワフルで信頼のおける石を持って天命を待ってみるのもいいのでは、とわたしは思います。

レムリアンシードクリスタル1

この石に癒される人はきっといる

わたしにとっては興味の湧かない石

レムリアンシードクリスタルは、種類でいうとブラジル産水晶ですが、特別なパワーを持つ水晶としてブラジルの中でも産地が限られており、その最大の特徴は側面に刻まれた条線（レムリアンリッジ）にあります。

この、バーコードのように横に刻まれた条線は、太古の海に沈んだとされる伝説のレムリア大陸で、高度な文明を築いていたとされる古代レムリア人が、その記憶や叡智をメッセージとしてこの水晶に暗号化して刻んだものだと言われています。そのためレムリアンリッジに触れながら瞑想するとレムリア人の叡智にアクセスできるとか。

ふーん。急にそんなこと言われても。そもそもレムリア大陸って伝説の域を超えていないんでしょ？　もし本当にそうならすごい話だと思うけど、確かめようもないし。石を売るためにいろいろ言っているんじゃないの？

スピリチュアルな能力を持ち合わせていないと、自分なりに確認することができないのですぐにそうなってしまいます。そんな理由でレムリアンシードクリスタルは、人気があり騒がれているわりに、わたしにとってはまったく興味の湧かない石でした。

「本当に本当に初期鉱山のレムリアンですか？」

その後しばらくして、あるレムリアンシードに出会ったとき、強く「水と光」を感じることがありました。レムリアンリッジの間から、石の中に閉じ込められた水と光が戯れているような美しさを感じたとき、レムリアンってこういうものなの？　と少し扉が開いた気がしました。

そこからわたしは、水と光を感じるみずみずしいレムリアンを自分の運営するネットショップのためにいくつか仕入れました。

やはりすべてのレムリアンではありませんでしたが、自分の感覚で「水」を感じるレムリアンにはときどき巡り合うようになり、**そんなレムリアンは心の赤く腫《は》れたところをひんやり冷やしてくれるような冷たいエネルギーを持っているような気がして、「この石に癒される人はきっといる」と感じました。**

こうして、やっと一部のレムリアンシードに興味が湧くようになった頃、東京の浅草橋で石の展示会がありました。たくさんの石屋さんがひとつの会場に集まりそれぞれにブースを出して石を販売するという石好きにとっては夢のような展示会です。

もちろんわたしも朝から出かけて行きました。そこで自分のネットショップに並べたかった石を探しながら歩いていると、レムリアンシードをメインに置いているブースが目に入りました。

（わー！　水の感じがするレムリアンあるかなー？）

わくわくして近づいたわたしに店員のお姉さんが声をかけてきました。

「レムリアンをお探しですか？　こちらが最近採れたレムリアンで、こちらが初期鉱山のレムリアンです」

（何ですって！　初期鉱山のレムリアンがこんなにフツーに置いてあるの？）

そう思ったわたしは、念を押しました。

「本当に本当に初期鉱山のレムリアンですか？」

「はい。そうです」

現在、初期鉱山は水没して採掘ができなくなっています。

水没や枯渇などの理由で、いまレムリアンシードが採掘されているのは、ブラジルのカブラル鉱山の中でも細かく分けて三つ目の鉱山になっていると何かで読んだことがあります。

いまとなっては、初期鉱山のレムリアンはどこかでストックされていたものが、市場に出されたときにしかお目にかかれない代物なのです。

ひとつだけだったはずの大きな三角形の中に……

「えー！　すごい！」

そう言いながら小さなレムリアンのポイントを手に取って見ていると、

「あっ！　お客さんがきてからレムリアンたちがキラキラし始めましたよ」

と言って、お姉さんがそのうちの一つを光にかざし始めました。

何をしているのかな、と思って見ていると、「あっ、ほらほらレコードが出てきた！」

そう言って見せてくれたレムリアンシードのファセット（先端の面）には三角形が浮かび上がっていました。

ここで言う「レコード」とは、121ページでもお話しした成長痕のことで、ときどき水晶などのファセットにあらわれる三角形の刻印（口絵⑨）のようなもののことです。

こういったものは希少価値が高いのですがレムリアンにはしばしば見られ、レコードを持つ石はレコードキーパーと呼ばれ、その他の石を教え導くマスタークリスタルのような存在だと言われています。

成長過程であらかじめ石に刻まれているはずのものが、この場で出たり引っ込んだりするわけがない、と思っていたわたしは（お姉さんがわたしを喜ばせるために言っているのかな？）と思い、「うっそーぉ？」と言いながらも、「でもこの三角デカくない？　しかも一個だけって面白いよね」なんて笑いながら話していました。

レコードの多くは一つの面にザザザザッとたくさんの三角形が重なるように出ているものが多いのです。

「こんなのもあるんだ」と感心して、まじまじとファセットを眺めているわたしに「ほら、これにも。あっ、これもだ」と次々にいくつかのレムリアンシードに刻まれた三角形を見せてくれました。

「これ全部、お客さんがきてから出てきたんですよ」

「えー！　そんなことある？」

「だってさっきまでなかったもん」

お姉さんはそう言ってまたレコードを探し始めました。

「あれ？　これひとつ増えてません？」

そう言ってお姉さんが見せてくれたのは、最初に見せてくれたでっかい三角形の出ているレムリアンでした。

どれどれ……とのぞいてみると！　**ひとつだけだったはずの大きな三角形の中にもうひとつの三角形が浮き出て二重になっているではありませんか！**

「ひとつ増えとるがな！」

「ねっ、嘘じゃないでしょ！」

わたしは本当にびっくりしました。最初、三角形のレコードを見たとき、「一個だけデカいの、ってなんかウケるね」なんてお姉さんと笑いながら話したから、確実に、最初は一個しか出ていなかったのです。

レムリアンがキラキラ輝くとき

わたしがポカーンとしていると、お姉さんは興味深い話をしてくれました。

「お客さんによって、それまで出ていなかったレコードが出る人と、出ていたレコードが消えちゃう人がいるんですよ」

「えっ？　そうなの？」

「虹とかもそうで『これ、いっぱい虹が出てきれいなんですよー』って見せたのに、その人の前では石が不機嫌になって虹を出してくれなくて変な空気になっちゃったり。わたし、観察するのが好きだからそういうの、すぐ気づくんです」

とのこと。


そしてさらにすごいと思ったのは、そのお姉さんがなぜそんな現象が起きるのかを自分なりに分析していたこと！　**石にまつわる不思議な話も「なぜそうなるのか」までを話してくれると、説得力が増し、その石に対する理解がグンと深まります。**

その神出鬼没のレコードについての分析とは……。

お姉さん曰《いわ》く、三角のレコードにしても、虹にしても、その石にちゃんとフォーカスが合っているかどうかで出たり消えたりするのではないか、というのです。

例えば「レムリアンを探しているんです」と言ってお客さまがきても、その理由が「開運したいから」「人気があるから」と言ったもので、本当の意味でレムリアンを求めていないと（フォーカスが合っていないと）、お客さまに「これ、レコードキーパーなんですよ」と言って見せても、「あれ？　三角形が消えてる」ってなることがあるんだそうです。

逆に、本当にレムリアンを求めている、レムリアンにフォーカスが合っている人がくるとレムリアンたちがキラキラ輝いてアピールし始め、三角のレコードがバンバン浮き上がってくるそうです。

信じられないけど、ひとつ増えたの見ちゃったし。

とにかくその日は、レコードが出ていた小ぶりの初期鉱山レムリアンを数個購入して家に帰りました。

翌朝（あの三角が二重に出ていた子はどうなっているかな）と思って、持って帰った包みを開けて見てみると、そこにはちょうど昨日の二つの三角を足したくらいの、さらに大きな三角形がひとつだけ、ど真ん中にデーンと浮かび上がっていました！

レムリアン、なんて不思議な石！

ネットショップのお客さま

石のマスターかと思いきや……

「石に聞いてみたらどうですか？」

ショップを運営し始めて数年経って思ったことがあります。それは、わたしのショップを利用してくださるお客さまは、やはりわたしとよく似たタイプの方が多いのかな、ということです。

「よく似たタイプ」とは、

・自分に霊感みたいなものはないと思っている。
・占い程度のスピリチュアルが好き。
・天然石のアクセサリーが好き。

・でも、石から何かを感じ取ったことはないし、そんな力もないと思っている。
といったところです。

もちろんお客さま全員と話したわけではありませんが、ちょっとやり取りのあった方や、商品のレビューを読んだ感じからからそういう方が多いな、という肌感覚をもっています。
以前いただいたレビューのなかに、
〈これまで石から特別なことは感じたことがなかったのですが、商品説明に「この石からは頼もしさを感じます」と書いてあって、着けた瞬間、ほんとうに頼もしさを感じたので驚いています。石から何かを感じたのはこれが初めてです〉
というメッセージがありました。

このように、石からパワーを感じたことがとっても楽しくて、急に現実的な日常の中に子供の頃に感じていたような魔法のようなものを感じ始めると、その後も自分が気になった石を集めるようになる方がいらっしゃいます。
そうすると、石を選ぶ際に自分の直感が磨かれ、相性のよい石を選ぶのもうまくなって、石を生活に取り入れることで心も生活も潤っていくという好循環に入っていくことがあります。

この石がわたしに合っているかどうか、うちにきて幸せかどうか、自信がないのですが……と連絡をくださった方には「わたしに聞くよりも、石に聞いてみたらどうですか？」とお答えすると「そうですね！　石に話しかけてもいいのですね！」と、とてもうれしそうでした。その方はいまではわたしもビックリするくらい石との会話を楽しんでいらっしゃいます。

他にも、ローズクォーツのネックレスをお迎えしてくださった方は「ネックレスを玄関に置いた瞬間、その場の空気がすっと清められたように整ったのを感じました」というメッセージをくださり、その後お迎えいただいたフローライトに至っては「体調が悪いときはフローライトで痛みを取っています」とおっしゃっていました。

あの石、そんなすごいことができるの⁉

と、お客さまのお話を聞いて驚くこともしばしば。基本的にわたしは「この石きれい！かわいい！」だけで仕入れてきているだけですから。

「石がしゃべると思えない！」という方へ

石がその真価を発揮するのは、本当の持ち主のところに行ったときです。なので、わたしにあまり聞かないでくださいね。聞かれてもわからないことが多いのです。

届いた石を見て（時にはネットショップの画像を見たとき）、なつかしくて涙が止まらなくなったという方もときどきいらっしゃいます。

なつかしい、って不思議な感覚ですよね。そのなつかしさの中で「ただいま」という言葉が出た、という方と、「おかえり」という言葉が出た、という方がいました。この立場の違いも興味深いです。

こういったみなさんは、もともと石のマスターみたいな方かと思いきや、意外にも「自分がそんなこと感じるなんて思ってもみなかった」という方がほとんどです。

急に石からさまざまなことを感じるようになったのは、わたしのショップの石たちが特別だからでしょうか？

いいえ。きっとそれは、わたしが提案する石が特別だからではなく、石を紹介する段階で、一緒にお茶する友だちを探すスタンスで石を探すことをオススメしていることが、最初から石をモノとして見ない状況を誘導しているのではないかと思うのです。

どうしても、これまで受けてきた教育が邪魔して、**石がしゃべると思えない！　という方は、せめてこちらの言葉を聞いてくれている、と思って接してみてはいかがでしょう。**「聞いてくれているというのなら」と話しかけているうちに、ペットに話しかけるのと同じくらい違和感なく、石にも「おはよう」とか「ごめーん」とか話しかけているご自分に気づくはずです。

そうなれば、石と波動のやり取りがすでになされているわけですから、石がしゃべるかどうかについてあえて考えることさえしなくなるのではないでしょうか。

ショップに来店するお客さま

日常をスピリチュアルに生きる人々

いらっしゃるお客さまはとても個性的

前項で、ネットショップのお客さまについてお話しさせていただきましたが、ここでは、実店舗にいらっしゃるお客さまのお話をさせていただきます。

うちはふだんはネットショップだけなのですが、ときどき、不定期で貸店舗を数日だけ借りて販売することがあります。

場所代などを考えると、儲け的には少ないのですが、いらっしゃるお客さまがとても個性的で面白いのでやめられないんです。

ほとんどの方は、足早にサッと入ってきて、サッと見て出ていくという感じなのですが、石好きな人は入ってきて早々に「わたしここで何か買おう！」などと宣言されたりします。うちの店はもう入ってきたときにはっきりと、買う人と買わない人が決まっているような気がするのです。

なので、わたしはまずお客さまが入ってきたら「こんにちは」とだけ声をかけて、その方を邪魔しないように、後はレジの奥でコードを編んだりしています。その方が出ていくときにもう一度「ありがとうございます」と声をかけたらその方は終了です。そういう方が8割くらいかなと思います。

「あれ？　いま、色が変わりませんでした？」

ただ、あとの2割がすごいんです。面白いんです！

店に入ってくるなり石に手をかざしてまるでセンサーでも当てているようにそのまま次々に横に手を移動させ、ある石の前でピタッと止まり、「この石が連れて帰れと言うのでいただいていきます」などとおっしゃる方がいらっしゃいます。しかも一人や二人じゃないんです！

「石に手をかざして何を確かめているのですか？」と聞いてみると、ほとんどの方が「波動や温度を感じる石があるの」と答えられます。

そういった言葉を聞くと、ごくフツーに生活している人の中に、石に波動や温度があることを知っている人がこんなにもたくさんいるんだ、とあらためて驚きます。

手をかざしていなくても、ずっとお店の中をぐるぐる回っている人には、ちょっと声をかけてみます。

「何かお探しですか？」

「いやね、もう帰ろうと思っているんだけど、この中のどれかがわたしを呼んでいる気がして立ち去れないのよ。この辺かなー、と思うんだけど」

そうおっしゃってディスプレイの一角を指さして、さらにそこをじっくり見始めました。最終的に「この子かな？」と手に取られたのはガーデンクォーツのシンプルなネックレスでした。それはわたしが前日に編んで今日お店に出したものでした。

その瞬間、ああ、この方にお渡しするために、わたし昨日すごく眠いのを我慢して編んでたのかな？　そう思いました。

ペリドットとホワイトラブラドライトのネックレス、どちらがよいか決められないからタロットしてもいいですか？　と言ってレジカウンターでおもむろにタロットカードを両手でぐるぐると混ぜ始めた方もいらっしゃいました。

小さなローズクォーツのネックレスを気に入って試着された方などは、身に着けた瞬間、ローズクォーツの色が変化したような気がして、ふたりで「あれ？　今、色が変わりませんでした？」「ですよね？」って顔を見合わせたこともありました。

ここにご紹介したのはほんの一例で、**これまでたくさんのお客さまが、石との出会いは運命の導きであると信じて疑わない姿を見せてくださいました。**

数日間だけ出したお店の前を偶然通る人の中に、目に見えない感覚を大切に生活していらっしゃる方たちがこんなにもたくさんいるんだ、と店を出すたびにつくづく思います。

そして、こんな出会いがあるからまた、お店を出したくなってしまうのです。

パワーストーンに初心者や上級者はあるの？

この本に出てくる石は、一般的に扱いやすいとされる石と、ちょっとマニアックな石が混在しています。ではそもそもパワーストーンに初心者とか、上級者なんてものはあるのでしょうか？

わたしに答えを求められたとすれば、

あるっちゃーあるし、ないっちゃーない。

と、これまたインチキ占い師みたいなお答えになってしまいます。

わたし自身はと言えば、比較的順序を踏んでいたほうではないかと思います。

わたしはまず、自分になじみのある石に興味を持ちました。例えば、若い頃に好きだったシトリンやアクアマリンなど。それを買いに行った先で、インカローズやラブラドライト、モスコバイト、アメジストなどに出会い、きれいだなと興味を持ち、ネットショップを運営するようになって、少しずつ少しずつマニアックな石に手を広げていった……という、わたしの失敗を恐れる性格が見事に反映された、まことに慎重な興味の広げ方でした。

そんなわたしにとって、なんとなく上級者っぽいイメージでなかなか手にする気になれなかった石があります。それはリビアングラス（口絵⑩）という名前の石でした。名前も素敵だし、レモン色の可愛い色だけど、なんでこんなに高いんだろう。しかも、「グラス」ってことは石じゃなくてガラスなの？　なんであんなにグニャグニャしたカタチをしているのだろう……。

わたしの中の憧れと猜疑心は少しずつ膨れ上がって、ますます手を出せない状態になっていました。そんなとき、とある鉱物ショップで運命のリビアングラスに出会いました。なぜかそのリビアングラスにだけは高い壁を感じることなく、ただ「きれい！　これはわたしが長い間、憧れていた石だ」と、これまでの躊躇はどこへやら、すんなり手に入れることができました。

このとき初めてリビアングラスを身近に感じ、リビアングラスについて調べました。驚いたことに、それは２８００万～２６００万年前の大昔に落ちた隕石《いんせき》がリビア砂漠の砂を溶かし、その後かたまってできた天然ガラスだということがわかりました（諸説あり）。

そう言えば、北アフリカを旅した方の旅行記を読んだとき、リビア砂漠やサハラ砂漠の砂は、サラサラで細かいガラスのようだった、と書いてあったことを思い出しました。隕石の途方もなく大きな衝撃と熱によって、もともとガラス質に近かった砂が溶かされて飛び散り、ふたたび固まって、あんなにユニークなカタチになったのです。だからリビアンストーンではなくリビアングラスと呼ばれているのですね。

持ってみると、リビアングラスはわたしと相性がいいような気がしました。身に着けるととても心地よく、身体の小さな不具合や疲れを取り除いてくれているような感覚がありました。

そんなことがあって以来、わたしは上級者用と思われるような、少し希少だったりマニアックな石を躊躇なく手に入れられるようになりました。上級者向けっぽい石に対するわたしの苦手意識は、リビアングラスがやさしく取り除いてくれたようです。

これがパワーストーンに初心者や上級者が「あるっちゃーある」という部分の説明です。


では次に「ないっちゃーない」という部分の説明をさせていただきます。

わたしのネットショップに初めてロシア産のフェナカイトを置いたときのことです。フェナカイトはパワフルと言われていますが、見た目はどこにでも転がっていそうな石ころです。そのわりにお値段はかなり高め。

きっと、フェナカイトのことを知っている人、探している石マニアがお迎えするのだろうな。探している人にとってはとても価値があるものだけど、知らない人にとっては「なんでこの白い石がこんな値段するの？」となるだろうから。

そう思っていました。

数日経って、そのフェナカイトが売れました。ああ、やはりフェナカイトを探している石マニアは世の中に一定数いるんだな、なんて思いながらショップサイトの管理画面を開いて驚きました。注文時のコメント欄に、お客さまから意外なメッセージが残されていたのです。

「パワーストーンは初めてです。よろしくお願いします」

何ですって‼　初めてでフェナカイト？　そんな人いる？　この値段を払ったということは、相当気に入ったということだよね？　でも女子が好むような色でも形でもないし。この人、何者なの！

本当にびっくりしました。後々その方はわたしのショップのリピーターとなってくださり、ときどきメッセージのやり取りをするようになりました。

そのときに教えていただいたのは、その方はそれまではどちらかというと石は苦手だったということです。だけどあのフェナカイトを見たときになつかしさを感じて、涙が止まらなくなった、とのことでした。

それ以来、石は苦手ではなくなり、いまではさまざまな石を楽しんでいるとか。

そんなことがあってもしばらくは、珍しい石を店に置くたびに「この手の石を買う人は、きっと相当なマニアだろう」という思い込みを捨てられずにいたわたしは、事あるごとに勇気あるお客さまによってそのくだらない思い込みを木っ端みじんに粉砕されてきました。

「初めて聞いた名前の石だけど、なんだか惹かれてポチっちゃいました（ポチっと購入ボタンを押すこと）」とのメッセージとともに、けっこうなお値段の謎だらけの石をポチる方が後を絶たないのです。

そういう買われ方をすると、初心者も上級者もあったもんじゃないと思うわけです。そして「惹かれたから買う」という、あまりにもいさぎよい買い方に、思わず尊敬の念さえ抱いてしまう自分がいます。この方は自分の感覚をここまで信じているんだ、と。わたしもそんな風にシンプルに堂々と生きて行きたいものです。

結局、パワーストーンに初心者や上級者はあるっちゃーあるし、ないっちゃーない、のですが「この石、気になるけどまだわたしには早いかな……」なんて思ったら、気になったこと自体がその石と響き合ったということでもあると解釈して、すんなり手を伸ばしてみてもよいのではないかと思います。そこから開ける新しい世界があるとわたしは思っています。

この本に出てこない石には効果がないの？

この本で扱っている石たちは、誰でも知っているようなものから、かなりパワーストーン好きでないと聞いたことがないような石まで、よく言えば幅広く、悪く言えば無秩序にとりあげています。

いったいどういう選び方をしたの？ この本に出てこない石にはあまり効果がなかったの？ と思う方もいらっしゃるかもしれませんね。ここではそれについてお話しさせていただきます。

そもそも、石の効果というものは言葉で説明しづらいものです。無理に説明してしまうと、こじつけや、買わせるため、もしくは本人の都合のいい思い込みのように聞こえてしまうことが多々あります。

つまり、一つ二つの項目を使って、読んでいる人にもすんなり理解されるように書けるような、そんな都合のよい体験談というのはとても少ないのです。

この本では取り上げていなくても、日々、わたしをサポートしてくれている石はたくさんあります。

ヒマラヤ水晶たちは、浄化力が高く、これまたあまり調子のよくないときなどに身に着けるとスカッと心身の不快感を取り除いてくれます。

フローライトは、もともと集中力を高めてくれる効果があるから研究者や受験生が持つといい、と言われていますが、本当にそうだなと思います。身に着けると雑念が解消されるので、いまやるべきことに目が向き、ずっと気になっていた仕事や掃除がうんとはかどることがあります。わたしにとってはセレスタイトも同じような効果をもたらします。

ハーキマーダイヤモンドという石は、ニューヨーク州でだけ採れる珍しい石で、かなり人気がありますが、とても頼りになる存在です。

浄化力が空間にまでおよび、スピリチュアル的空気清浄機のように、ういんういんと唸りながら空間をきれいにしてくれている感じがあります。頭をクリアにする作用もあるので、文章を書くときなども傍に置いておいたりします。

その他、書ききれないほど、日々手にする石から効果や励ましを受け取っています。でも、そこからわたしが感じるのは、この効果はいまのわたしを反映しているもの、ということです。

あまりに個人的で他の人には関係ない効果を一つひとつの石について書いても、自慢話の域を出ません。それよりも、石がどういうときにどう効くのか、石を使ってどんなことができるのか、石と人とのつながりとはどのようなものなのかがわかりやすく伝えられて（わたしの言語化能力や文章力という制限はあるものの……）実際に人生に活かすことのできそうな石の体験談を選びました。

石は本やインターネットに載っている効果以外にも実にたくさんのことができますし、持ち主によってもその働きは大きく変わるものです。ぜひ、あなたの好きなカタチをした、あなたの好きな色の石を手に取って、その石の効果を肌で実感してみてください。きっと、それは言葉で人に説明しがたい素敵な感覚だと思います。

この本に出てこない石は「効果がなかった」のではなく、そういった感覚の多くを、まだわたしは本に書けないでいるだけなのです。

第3章

石は家族にも影響を及ぼす

効果は持ち主だけに留まらない

おすまし顔のロシア産フェナカイト

壮絶な夫婦喧嘩の火付け役

ひとことで言うとただの石ころ

以前、興味本位で手にしたミャンマー産のフェナカイトが予想以上に威力があったため、時を経るごとにわたしのこの石への興味はどんどん膨らんでいきました。

なぜこんなにパワフルなのか、一般的にはどのような効果が報告されているのか、フェナカイトについて何か新しい情報はないかと、さらに詳しく調べ始めました。

そこで新たに知ったのは、世界各国で産出されるフェナカイトの中でも特にロシア産のフェナカイト（口絵⑪）が一番強力なパワーを持つということでした。

そう言われてみると、わたしもぜひ、その石を手にしてみたくなりました。ミャンマー産のフェナカイトでもあれだけの効果があったのだから、もっともパワフルだと言われるロシア産のフェナカイトとなると、いったいどうなるのだろう？

お値段もかなりする石ですが、わたしは意を決してロシア産フェナカイトを手に入れるために豊富に在庫を持つ石屋さんに向かいました。

さて、ロシア産のフェナカイトとはどんなものだろうと石屋さんに見せてもらった石は、ひとことで言うとただの石ころ（フェナちゃんゴメン！）でした。

ルビーやエメラルドのような華やかさは微塵《みじん》もなく（ゴメン、ゴメン！）、グレーの石ころの中に透明な部分がちらほらあるだけの、どこにでも落っこちていそうな石です。

五感に何も訴えてこない

こっ、これがあの、噂の、世界一波動が高いと言われる石なの？

それが正直な第一印象でした。ミャンマー産のフェナカイトもそうだったのですが、めちゃくちゃパワフルと言われている割にはあまり五感に訴えてこないのです。

わたしの経験では、**パワーのある石って、スピリチュアルな能力がなくてもけっこうわかるものなのです。**

例えば、フツーの人にこれとこれ、どっちがパワーがあると思う？　と聞くと、だいたいみんな一致するんです。色味や雰囲気から「合ってるかどうかはわからないけど、こっちじゃない？」と、確証はなくともみんな自分なりに答えられるものなのです。

だけど、フェナカイトについてはそういった、見るからにパワーのありそうな感じが少しもありませんでした。なのに値段はひっくり返るくらい高い。


うわー！　どうしよう。買いたくないなー！

五感でよさを感じ取ることもできないまま、この金額が払えるか？　どうする⁉

わたくしとて石好きの端くれ。ロシア産のフェナカイト、いただきましょう。


この石、石屋のおっちゃんがそこら辺で拾ってきた石じゃないの？　という疑いをぬぐい切れないまま、わたしは買って帰りました。

史上最悪の夫婦喧嘩が勃発

家についてリビングのテーブルに落ち着き、カバンの中からフェナカイトを出しました。うれしいような、悲しいような……複雑な心境です。

とりあえず窓際のいくつか石を置いているスペースにそのフェナカイトも置いておきました。するとその夜、さっそく大きな出来事が起こりました。

史上最悪の夫婦喧嘩です。

まあ、わたしたちも結婚して20年経っているので、ここ最近は若い頃のような激しい喧嘩はすっかりしなくなっていたのですが、そのときは何がきっかけかは忘れましたが、とにかくわたしが主人をグイグイ責め立てました。心のどこかで（たしかにずっと引っ掛かってはいたけれど、もうしょうがないとあきらめのついていたことなんだけどな）という気持ちもあるのに、その気持ちに反してすごい剣幕で責め立てているのです。

なんだか「行け！　行け！」と何者かに焚《た》きつけられてでもいるかのような……。

まさか……。

わたしはその日新しく加わったロシア産のフェナカイトに目をやりました。フェナカイトはおすまし顔でスンッとわたしの視線をかわしました。

やっぱりそうかー！

わたしは結婚して10年くらい経った頃に、いくら夫婦といえども、すべてをクリアにすることはできないんだと学びました。もちろんそれはお互いさまで。

なので、いくら納得ができないことでもあまりに相手を責めて追い詰めては夫婦が成り立たなくなると考えていたはずなのですが、その日は完全にそのラインを超えた喧嘩をしてしまいました。わたしのほうが。たぶんフェナカイトのせいで。

あー、やっちゃったー、と言うような心境でした。

ただ喧嘩をさせたわけじゃなかった

それから数日というもの、わたしたちはとてもギクシャクしていました。最低限の会話はするものの目を見て話せない、という感じ。今もまだ喧嘩しているのか、何が仲直りなのかもよくわからないまま、ただ、お互いに居心地の悪さを感じているような状況が続いていました。そんな中、主人から一本のＬＩＮＥが入りました。

会社の帰りに駅前の喫茶店で待ってるからきてくれ、と。

家で話せないような話があるのかな。離婚を切り出されるのかも。だってあんなにゴリゴリに責め立てたんだもん。もう無理だよね。こんなわたしとは。パパ、いままでありがとう。そして、いろいろ言ってごめん……。


すっかり意気消沈したわたしはとても悲しい気持ちで、「カランカラン」と喫茶店の入口のベルを鳴らして中に入りました。

（うわっ。こっち見てる。ちょっと緊張した顔してるな。そりゃそうだ、これから離婚を切り出すんだもん）

ゆっくりと席に着いたわたしに、主人は力無く微笑みました。そして意を決したように話を切り出しました。

「俺ね、考えたことがあるから聞いてくれる？」

「うん」

「祥子にいろいろ言われて……その通りだなって思ったんだ」

（ん⁉　こいつ、何言ってんだ？）

話をよくよく聞いてみると、あの激しい喧嘩の後、たしかにわたしに言われた通りだと感じて、これからはもっと自覚を持ってなんちゃら、相手の気持ちを踏まえてなんちゃら、といろいろとわたしの言葉に応えるつもりであることを話してくれました。

うぬぬぬぬー！　ロシア産フェナカイト恐るべし！　アフターケアも抜かりなし！

びっくりしたけど……ただ喧嘩をさせたわけじゃなかったのね。

そしてわたしは考えさせられました。ときとして結婚生活の難しさに、理想を捨てたこともあったし、そうすることが大人なのだと思っていたけど……。相手を信じて踏み込むことを止めてはいけないのね。たとえわたしがおばあちゃんになっても。

レムリアンシードクリスタル２

インナーチャイルドの癒し

避けて通るわけにはいかない家庭環境の話

「レムリアンシードクリスタル１」（132ページ）では、レコードが出たり消えたりする初期鉱山のレムリアンシードの不思議現象についてお話ししましたが、レムリアンシードのよさ、持っている力について、もっとお伝えしないわけにはいきません。ただ、わたしにとってこの項目は、ほかのどれよりも書くのが難しくなりそうです。

それはこのレムリアンシードのインナーチャイルドの癒しの効果を説明する際に、わたしの幼い頃の家の話や、姉の話を避けて通るわけにはいかないからです。

ではなぜそれが、書くのが難しいことなのか。いま考えるとわたしが育った家庭環境は、決して調和のとれた安心できるものではなかったからです。

しばらく石の話から離れてしまいますが、わたしの幼い頃の家庭環境についてお話しさせてください。


わたしの実家は田舎の、曾祖母、祖父、祖母、父、母、姉、わたしの七人で暮らす三世帯家族でした。わたしの生まれた昭和40年代後半は、そこまでお家制度が厳しく残っていたわけではありませんでしたが、うちは田舎で、おじいちゃん、おばあちゃんたちと暮らしていたこともあって、長男長女を大切にする風習はまだまだ健在でした。

その頃はそれがフツーだった……からといって、心に傷を負わないわけではありません。姉は最初に生まれてとても大切に育てられましたが、それと引き換えに「この家を継ぐんだぞ」という家族の強烈な期待とプレッシャーを一身に背負って大人になりました。

二番目に生まれたわたしは、長子ではないという理由で明らかに差をつけられ、人格を否定するような言葉で叱られ、事あるごとに「お前はお姉ちゃんとは違うんだ」と必要以上に身のほどを思い知らされて育ちました。

そう言えば、わたしたち姉妹が喧嘩したとき、姉はよくわたしに「妹のくせに！」と言っていました。「妹は価値が低い」という認識は大人だけに留まらずわたしたちの間にも当たり前のように浸潤していたのだと思います。結果、姉とわたし、両方とも傷つき、何かが歪《ゆが》んでしまいました。

でも、いまになってみると、自分のほうがまだマシだったのだろうと思っています。その頃は辛いことも悔しいこともたくさんありましたが、いまはもう終わっていますし、特別扱いされなかったことで、人や世の中に対して過剰な期待をすることもありません。

最初に生まれたというだけで特別扱いされ、ちやほやされて育った姉は、若い頃、「わたし、人に対して感謝する気持ちがないんよ」と何とも言えない表情でつぶやいたことがありました。きっと世の中に出てからは、姉のほうがわたしよりもずっと苦労したのだろうと思います。

そのことが、ずっと私たち姉妹の間にありました。ふだんわたしたちは仲良く、姉はわたしのことをとても大切にしてくれて、わたしはいつもそのことに感謝しているのですが、二人の間にちょっとしたいざこざがあるとわたしは、「お姉ちゃんのほうが傷ついているんだ。お姉ちゃんのほうがずっと大変だったんだ」と自分に言い聞かせて、引き下がる癖がついていました。
それは一度怒りに火がついたらなかなか収まらない姉とうまくやっていくためにも有効な手段だったので何十年もそうやってきましたし、そのことに何の疑問もありませんでした。**ところが、レムリアンシードクリスタルは「違うよ」と言うのです。**

突然、噴き出した姉に対するものすごく強い怒り

ある春の雨の降る午後、お気に入りのレムリアンシード（口絵⑫）をテーブルの上に置いて窓の外を見ていました。しとしとと降り続く雨をレムリアンシードと一緒に味わうように感じていました。すると突然、ものすごく強い怒りがわたしの中から噴き出してきたのです。その怒りは姉に対するものでした。

数日前、わたしは姉とＬＩＮＥでやりとりしていました。すると、何かの拍子にふと、姉からの返信が途絶えました。こういうことはよくあることで、これはわたしが姉を怒らせたというサインです。

電話中でも、姉は気に入らないことがあると、受話器の向こうで突然ひと言もしゃべらなくなることがあります。わたしはこの「無言」に気づくと、反射的に「嫌な思いをさせたのならゴメンね」と謝っていました。

姉がこんな気持ちの伝え方しかできないのは、心の傷が深いせいで姉は悪くないのだ、と思うようにしていました。なんとなく、わたしは姉の精神的な攻撃からは身を守ってはならず、正面から受けて姉を満足させなければならないような気がしていました。なのに、あれから数日経っているにもかかわらず、急に胸に熱い怒りが噴き出してきたのです。

なぜ何の説明もなく、いきなりコミュニケーションを断ち切ったの？　ひと言もしゃべらないのは傷ついているからではなく、わたしをできるだけ長く罰しておきたいからじゃないの？　言葉で伝えず態度でわからせてやろうという考え方が嫌い！　わたしだってこんなに嫌な思いをしているのに、あなたを裁かないでいてあげているじゃない！　そのことはどう思っているの？

怒りをともなった強い感情が次から次へと噴き出してきました。

姉の、情報を与えないことで相手を支配しようとする行為や、気に入らない人間を身勝手に罰しようとする行為は、わたしが以前読んだ境界性パーソナリティ障害の本にあった症状と類似していることからしても、心の傷が引き起こしていることは想像に難くありません。でも、だからと言って、近くにいる人間がその人のために自ら感情のはけ口になろうとするのもおかしな行為です。

今後こういったことがあったら、姉には「言いたいことがあるなら言葉で伝えて」とわたしもはっきりと言葉にしよう。姉の機嫌を損ねることを恐れず、ありのままを、自分に正直に、相手に真っ直ぐに。

そう自分に強く誓ったとき、幼い頃に押しつけられていた「姉よりも価値の低い妹」というわたしに課せられていた役割が不意に終わりを告げたような気がしました。二番目に生まれてきた人間ではなく、世界にたった一人のわたしになれたのです。

すべてに答えを出すことができた

ふとテーブルの上に置いたレムリアンを見ると、雨音を聞きながら心地よさそうにふっくらとして、まるで歌でも歌っているかのようにほがらかに輝いていました。

レムリアンシードの与えてくれたインナーチャイルドの癒しは、春の雨降る午後に意外なかたちで突然始まりました。**石の効果のよいところは、問題を魔法のように跡形もなく消し去るのではなく、その人の心の中で決着をつけさせてくれるところです。**


何がおかしかったのか。どうしてそうなっていたのか。本当はどうしたかったのか。

今回、そのすべてに答えを出すことができました。

わたしを支配していたマグマのように赤く腫れた怒りが、雨に溶けて流れて行きました。あとになって考えてみると、この出来事が一瞬だったのか、それとも数十分だったのか、時間の感覚がまるでないのでした。

レムリアンシードは、長く一緒にいることでエネルギーが馴染んで効果を受けやすくなる、と言われています。わたしはこのレムリアンシードをとても気に入っていて、寝るときも一緒でした。

そうやって共にすごす時間のなかで、わたしの深いところにある古びた思い込みや抑制した感情を見つけ出し、解きほぐし、浮上させ、ここぞというタイミングでわたしたちに問題を浮き彫りにする行動を起こさせ、姉とはこのままうまくやっていくつもりだったわたしに、もっとあるべき姿があることに気づかせてくれたのだとしたら……。

レムリアンシードクリスタル。古代レムリア人の叡智。このバーコードのようなレムリアンリッジに、そんな難しいことをやってのけるほどの知恵と経験が刻み込まれているというのでしょうか？　こんな透明な石から、これほど複雑でロジカルな作用がもたらされることが、石のことを少し知ったはずのいまもなんとも不思議でなりません。

その後、姉とは、またどちらからともなく互いに助け合う関係に戻ったのですが、そうなってみるとますます、わたしは自分から「価値の低い妹」になりに行っていて、姉は繊細で難しいところのある人ではありますが、わたしを押さえつける意図はなく、最初からちゃんと一人前の人間として接してくれていたことに初めて気がつきました。今回石からもらった「被害者になりにいかない」「自分と相手に率直である」という学びは、これからのわたしが生きて行く上で課題になってくることを端的に表しているような気がしています。

アゼツライト

現状打破と家族の絆

とある石屋さんで巨大なアゼツライトを発見

アゼツライトは、鉱物としては水晶に属するのですが、パワーストーン界で有名なクリスタルワーカーであるロバート・シモンズさんが発見した特別なエネルギーを有する石として「アゼツライト」と名付けられて商標登録されています。そのため、普通の水晶よりはかなり高額な値で取引されています。

見た感じは白っぽいうっすら透明感のある石で、ビーズ加工してブレスレットになっているものが多く、原石はポイント状ではなく塊状になっています。

ロバート・シモンズさんが、「名もなき光」というパワーを持つ石を探せ……とお告げを受けて探し出したというアゼツライト。

ほんまかいなっ！　うたぐり深いわたしは、特別なパワーを持った石というものをエネルギーの出方や色を見て確認する能力がないので、本当にすごい石なのか、はたまたフツーの水晶を高値で売りさばくサギ集団の一味なのか……。興味はあるものの、騙されたくない一心で無関心を装っていました。

でも、あらゆるパワフルな石の実力を実感する日々の中で、もしかしたらこれも……という好奇心がむずむずと騒ぎ出し、とうとう主人に内緒で（家の中が石だらけで、これ以上石を増やしたら離婚すると言われている）、どうせなら原石でやってみようと思い、あちこち探し始めました。

探してみるとちょこちょこアゼツライトを置いている石屋さんはあるものの、小さいのがけっこうなお値段していて、やっぱりいい石はみんな知っているからそのぶん値段が高くなるのかな、と思い始めた頃、とある石屋さんで巨大なアゼツライトを見つけました。心が洗われるような清々《すがすが》しさ。なんてきれいな白。まるで朝日に輝く新雪のよう。

そのときすでに「なんとなく効きそう♡」という直感に胸が躍り始めていました。これは高いぞぉー、と思いながら値段を聞いてみると、なんと在庫一掃セール中とやらで拍子抜けするほどリーズナブルな金額でした。

もしかしたら大きすぎて需要がなかったのでしょうか。もちろん笑顔で支払いを済ませてその石を持ち帰りました。

心のどこかに苦しさを抱えているように見える主人

さて、問題はどうやってこの一キロ近くある大きな石を、主人に気付かれないようにこの家に隠すか、です。でもしまったままでは効果を実感することはできません。しばらく悩んで、画期的な解決方法を思いつきました！

敵にプレゼントすれば良いんだ！

お察しのとおり、この場合の敵とは主人を指します。

主人はふだんは誰よりもわたしをいたわってくれるとても優しい人なのですが、石のことになると急激に分からず屋になり、「こんなにたくさんの石をどうするつもりだ！」みたいなことばかり言うのです。こんな宝物に囲まれているのに……。残念な話です。

まあ、それはちょっと置いておいて、少し主人のことをお話しさせてください。

主人は7年ほど前から自分で会社を経営しています。日々頑張って、何とか順調にまわしてはいるのですが、本人の思うような経営拡大はそう簡単ではないようで、わたしにはあまり話しませんが、心のどこかに苦しさを抱えているように見えました。

やる気はあるし、いろいろと考えを巡らせてはいるものの、「これだ！」というチャンスやインスピレーションがなかなか降りてこない状況のようで、わたしは近くにいて何もできずに、ただもどかしい気持ちで見守るだけの状況が長く続いていました。

アゼツライトが一番必要なの、この人じゃん。

しかも、主人に渡せば、これ以上隠し場所に悩まなくて済みます。堂々と敵のデスクの上に特大のアゼツライトを鎮座させることができるのです！

力のある石を持つと、とんでもない解決方法を思いつくことがありますが、今回もなんと大胆不敵な発想でしょう。しかも、主人に救いの手を差し伸べながら、置き場所も確保するという一石二鳥です。さらに都合のよいことに、もうすぐ主人の誕生日ではありませんか！

気づきを与えてくれる石

誕生日当日、わたしは満面の笑みでこの石を主人に渡しました。

「すごくパワフルな石だからきっと仕事のサポートをしてくれるよ」

「でっけー石だな」

「困ったときは、この石をさわったりなでたりしてみてね」

「う、うん。にしてもこの石、どう持つのが正解なんだ？」

そう言うと主人は石をわたしから受け取り、いろいろな持ち方を試し始めました。しばらくあれこれやってみて「やっぱりこうかな」と両手ですくうような形を作ってその中に美しく輝く純白のアゼツライトをポコンとはめ込んでいました。

「いっ、いいんじゃない」

わたしは困惑しながらも、プレゼントした石に主人が少し興味を持ってくれたことがうれしくなりました。

主人はそのときすでに「大きな仕事になるか、あまり発展せずに終わるかわからない」と言っていたプロジェクトを手掛けていました。

その後、主人は少しずつ信頼を得て、いろいろな提案をしながら自社が携わる分野を徐々に広げていきました。このプロジェクトを無事にやり抜いてうまく運用できるようになれば、そのノウハウを生かして今後事業を拡大していけるものになる、と手応えをつかみつつあるようです。

主人にとって一番きつかったのは、何に目をつければよいか、どう頑張ればよいかまったくわからない時期だったのだと思います。いまはどんなに大変でも目の前に一本の道があります。頑張って信頼を得たのは主人ですが、アゼツライトを贈ってよかったと思いました。これまでずっと待ちに待っていた状況がアゼツ（口絵⑬）と共に訪れたのですから。


アゼツライトは現状打破だけでなく、あらゆる類の浄化を促進させ、古い思考パターンや有害な習慣を取り除き、気づきを与えてくれる石だと言われています。一番近くにいるわたしから見て、今後仕事をしていく上で障害になりそうな、主人の思い込みの強過ぎるところや、幼い頃に身に着けた考え方の癖など、前進することを妨げるような古いパターンを手放すこともサポートしてくれるよう、アゼツライトにお願いしておきました。

主人にあらわれた小さな変化

石をプレゼントして半年。最近主人と話していて感じるのは、年齢とともに、時代とともに考え方を変化させていくのが以前よりもスムースになってきているということです。軽やか、とでも言うのでしょうか。

以前は、わたしが彼に対して「ここはもっとこうしたほうがいいんじゃないかな」と意見を言うと、不愉快そうな、傷ついた表情で話を早く終わらせようとすることが多かったのですが、先日、おだやかな表情で「確かにそうだね」と言ってくれたときは、変わったな、と感じました。否定しているのではなく、力になろうとしていることを初めて信じてくれたような、信じる余裕が生まれたような、そんな印象を受けました。

これまでの主人は「仕事は責任感と義務感で成すべきもの、だって仕事なんだから」と言わんばかりのスタンスで、どんな煩雑な仕事や人が嫌がるような仕事からも逃げずに向き合ってきた尊敬すべき人ですが、それにプラスして「誰かの力になること」や「ずっと興味があったこと」など、自分の思いを乗せて考えるようになったように思います。主人の仕事の仕方や生き方に、これまでにない柔軟な発想と自分らしさが出てきたことを、わたしはとてもうれしい気持ちで見守っています。

アゼツライトは、この石を発見して販売しているロバート・シモンズさんの極めてスピリチュアルな解説ばかりが独り歩きして、実際の効果を報告した体験談がほとんど見当たりません。それはこの石の特性である、心と身体を浄化し、エネルギーで満たす、という基本を整えることで状況を好転させるやり方に由来するのかもしれないと思いました。深いところに作用するため、効果が広範囲にわたり、その状況を言葉にして説明しようとすると、内容が極めて個人的になってしまって人に伝わりにくく、場合によってはこじつけのように聞こえたりして、とにもかくにもアゼツライトの効果を人にわかるように話すのは非常に困難なのです。

「石を買った途端に宝くじに当たって、素敵な彼氏ができた」のように、ある意味、単純明快なもののほうが効果としてはわかりやすく伝えやすいですから。

なかには「深いところにある傷や問題は、自分で気づくべきものではないの？」という考えの方もいらっしゃるかもしれませんが、幼いときに培ったものや、潜在的な問題はどんなに自己分析が得意な人でも容易にたどり着けるものではありません。

誤解を解くチャンスがめぐってくる

「なぜいつもうまく行かないんだろう？」とその原因がわからないまま、いつまでも堂々巡りを繰り返すよりは、客観的に判断してくれる石にインスピレーションをもらって、そこから先の道を納得しながら軌道修正し、受け取れるものを受け取りながら進んでいくほうが何倍も楽しく充実しています。

心の深いところの傷を癒し、不要な思考パターンを手放し、本来の健康な自分になることは、夢を実現する上で避けては通れない道です。**傷ついたまま間違った考え方を握りしめていては、健康になることも、夢を叶えることもできないまま一カ所に留まり続けるだけなのだとアゼツライトは気づかせてくれます。**

あなたも以前のわたしのように、パートナーや子供に対して伝えたいけどうまく伝えられないことはありませんか？

「こうしたらもっとよくなるのに……」「これは絶対やめたほうがいいのに……」など、一番近くにいる家族だからこそ気づくし、伝えたいのだけど、相手の置かれている状況や繊細な心模様を考えると、なんとなく言い出せない……といったことはありませんか？

そんなときは家全体の状況を見ることのできるパワフルな石を家族が集まるリビングなどに置いたり、一人ひとりが自分に合った石を持つことはとても効果的です。石のサポートを得ると、伝えたかったことを伝える絶好の機会や、互いの誤解を解くチャンスが何かとめぐってくるようになります。

石に伝えておいたほうがいいひと言とは

石と石は波動で情報を交換し合っていると言われています。そして確かに、家族のそれぞれの思いや、すれ違いを把握して上手に家庭円満に導いてくれることがあります。

特にそれが得意だと感じるのは高波動の石であるフェナカイト、スギライト、アゼツライト、レムリアンシードクリスタルですが、パワフルな石が苦手な方、あと、どうしても高波動の石はお値段がしてしまうのでいまは無理、という方はご自分が「これ！」と思う石があればそれがよいと思います。

わたしも小さなセレスタイトのネックレスや、数千円で手に入れたスギライトのタンブルが、家族の気持ちを通わすのに一役買ってくれたことがあります。

ただ、どんな石であっても、ひと言「家族と気持ちが通じ合うようにサポートしてね」と言っておいたほうが効果が上がることは、わたしの経験上間違いありません。

思っていたのとは逆に、自分が相手の気持ちを知ることになる場合もありますが、それも必要なことです。そういうときは意地を張らずに、自分と向き合ってよりよい関係のためにできることはやる、そんなスタンスでいてください。

あなたの素直で前向きな気持ちが、人としての成長を促し、すべての運を上げることにつながっていきます。

ラズライト

着信拒否から始まった嫁姑の仲直り

心細くなってしまうくらい小さく可愛らしい結晶

インディゴブルーが美しいラズライトという石があります。ラズライトにはlazulite（天藍石《てんがいせき》）とlazurite（青金石《せいきんせき》）の二種類がありますが、ここでお話するのは前者のlazulite（天藍石）のほうです。この石の効果を語るにはどうしても話が少々個人的になってしまうのですが、**スピリチュアル能力のないわたしが石の効果を語るには、自分にあった出来事をそのままお話しするしかない**と思うので、ちょっとだけ親身な気持ちになって聞いていただけるとありがたいです。

この石は、わたしの信頼しているスピリチュアル能力のあるカウンセラーさんが紹介してくれたものでした。彼女に「本人はもうすっかり忘れているような出来事であっても、心の中に残っている古い傷が現在の人生の支障となっている場合って、けっこう多いの。そんなインナーチャイルドを癒すことによって、滞《とどこお》っていた物事が順調に流れ始めるようになるよ」と言われてお迎えした石でした。

実際に手にしたラズライトは、最高品質と言われているカナダのラピッドクリークという地域で採れたもので、とても美しいインディゴブルーだったのですが、思わず「こんな小さな石にそんな力があるの？」と、心細くなってしまうくらいそれはそれは小さく可愛いらしい結晶でした（口絵⑭）。

その後、ラズライトがきてすぐのタイミングで主人が入院しました。それはずっと以前から決まっていた入院で、わたしたちもそれに向けて準備をしていました。主人は特に病気というわけではなかったのですが、首のあたりに脂肪腫ができており、後々それが神経を圧迫してはいけない、ということで早いうちに取り除いておくための手術でした。

手術が終わり次第、数日で帰ってくるものと思っていたので、あまり心配もしていなか

ったのですが、主人は思ったより術後の経過が芳しくなく、予想していなかった発熱やの
どの腫れに見舞われ、家族は心配しながら退院できる日を待っていました。

不仲が続く義母からの電話

すると、わたしのスマホに突然義母から電話がかかってきたのです。

そのとき、わたしはもう義母とは10年以上話をしていませんでした。子供がまだ幼かった頃、主人の実家とはいろいろあって距離を置いていたのです。

義母はわたしの苦手なタイプの人でした。負けず嫌いの寂しがり屋で、気性が激しく、自分のやりたいことが思うようにできないと、激しい怒りでパニックに陥るようなことがありました。

そんな性質を持ちながらも、若い頃は、持ち前の責任感と律儀さで自分の感情を押し殺して厳しいお姑さんに必死に仕えてきた人なので、嫁であるわたしが自分のやり方をわかってもらおうとしたり、言いなりになることを拒む態度を見せたりすると、人生に裏切られたような、自分だけが姑からも嫁からも踏みにじられているような、そんな気持ちにな

ったのかもしれません。

そういったこともあり、絶縁状態になる前は、義母はわたしにたびたび電話をかけてきては、気に入らなかったことについて声を荒らげたり、嫌みを言ってきたりしていました。

わたしが子供と楽しくおしゃべりをしているときやテレビを観たりして穏やかにすごしているときに電話が鳴り、いきなり義母からの怒りをぶつけられる……。そんなことを繰り返しているうちに、わたしは電話が鳴ると大きなストレスを感じるようになりました。

そうなってくると実際に会うのはもっと大きなストレスとなり、考えただけで胃がキリキリと痛むようになってきました。

それでもみんなといるときは、なんとか明るく振舞っていたのですが、勘の鋭い義母はそんなわたしの心中を察知すると、さらに機嫌が悪くなり、どんなに笑顔で話しかけてもいっさい笑ってくれなくなりました。

（いったいこれはいつまで続くの？）

いつしか、わたしの心は崩壊寸前になっていました。もうこれ以上はどう頑張っても笑えそうにありませんでした。それから主人と何度も話し合って、最終的にわたしと子供たちは、主人の実家とは距離を置くことにしました。もうわたしには電話をかけてこないよう、主人から義母に強く言ってもらいました。この絶縁覚悟の決断は、結婚7年目のことでした。

その後、引っ越してからも新しい家の電話番号は義父母には伝えず、主人だけがときどき自分のスマホから電話したり、電車とバスを乗り継いで実家に戻る以外、わたしも子供も10年以上、義父母と会うことも話すこともありませんでした。

義母からの電話を着信拒否に

そんな状態が続いた末の、義母からの電話でした。家の電話番号を教えていなかったので、むかし緊急のために伝えていたわたしの携帯番号に直接かけてみたのでしょう。

その電話は思いがけず、「わたしにできることがあったらなんでも言ってね」「困ったときには一人で抱え込まないように」というとても思いやりに満ちたものでした。義母は主人の心配な状況をフォローしようとしているだけでなく、わたしとの関係も修復しようとしてくれているようでした。

電話は翌日もありました。そして「また明日かけるから」とのことでした。**ふと、ラズライトのおかげかな、という思いが胸をよぎりました。**これをきっかけに、長く続いた絶縁状態が終わるかもしれない……。そんな期待も湧いてきました。

でも、十数年の絶縁の末に、いきなりまた毎日のように義母から電話がかかってくるようになったことを、わたしは心のどこかでまだ受け止めきれていませんでした。親切な内容とは言え、心の準備をする時間もないまま、明日も明後日も、きっとその翌日も、あの押しの強い義母から電話がかかってくる、というプレッシャーは、あっという間にわたしの胸を押しつぶし、なんとわたしは義母からの電話を着信拒否にしてしまったのです。

ああ、やってしまった……。わたしは義母の不器用な優しさをわかっていながら、ラズライトのもたらしてくれた明るい変化の兆しもろとも切り捨ててしまったような、苦い思いにさいなまれました。

わたしがもっと強かったら、この機会を関係修復のキッカケにできていたのでしょうか。

答えの出ない悲しい問いがずっと頭の中をグルグルまわっていました。

それから数日というもの、わたしは雨雲が垂れ込めたような重苦しい日々をすごしました。

そんな中でふと（着信拒否されたほうには、何が聞こえているんだろう？）ということが気になって、わたしは再度スマホを操作して自宅電話を着信拒否にして、自宅電話から自分のスマホにかけてみました。

ツー、ツー、ツー……。

そこには話し中を知らせる電子音が聞こえるだけでした。

わたしはてっきり「おかけになった相手の方は着信を拒否しています」みたいなアナウンスが流れているのかと思っていました。

ってことは……電子機器に弱い義母は、わたしが着信拒否をしていることに気づかないでいてくれるかもしれない！

わたしのスマホの不具合か何かで、とにかく義母からはわたしに電話がかからなくなった、ということにできれば、わたしとしてはとてもつき合いやすくなります！

「よかったわね。本当によかったわね」

そのことに気づいたわたしは、主人が退院した翌日、ありったけの勇気を振り絞って、シレッと主人の実家に電話をかけてみました。最初に受話器を取ったのは義父でした。

「もしもし、お久しぶりですー。お元気ですか？」

「えっ？」

十数年間も連絡をしてこなかった嫁が、いきなりせいぜい1カ月ぶりくらいのテンションで、お久しぶりー！　と電話をしてきたことに、度肝を抜かれた気配がありましたが、優しい義父は一瞬にしてすべての違和感をグッと飲み込み、「ああ、元気ですよ」と何もなかったように返してくれました。

「○○さん（主人）が無事退院しました。お電話をいただいたお礼を言いたいので、お義母さんに代わってもらえますか？」

「はいはい、ちょっと待ってね」

（よし、お義父さんはなんとか切り抜けた！　次はお義母さんだ！）

「はい、もしもし」

「あ、お義母さん、先日はお電話ありがとうございました。昨日無事退院したので、お礼を言おうと思って電話しました」

そう伝えると「あら！　連絡ありがとう。よかったわね。本当によかったわね」と、主人が退院したことを素直にとても喜んでくれました。

やっぱり！　お義母さんはわたしが着信拒否をしていることには気づいていない！

厚く垂れこめた雲間から一筋の希望の光が射したような気がしました！


思いついたら間髪入れずに受話器を取って言いたいことを伝える電話魔の義母にとって、相手からの電話を待つしかない状況は、自分からは連絡を取る手段がないという緊張感をはらんでいるため、ある程度はわたしを尊重する必要が出てきます。

結果的にそれは「次男坊の嫁には何を言っても構わない」という古くて乱暴な思い込みを封じ込めることにもつながります。

そしてわたしは、しっかりと心を整えた状態で、話したいときに自分のタイミングで電話をすればいいのです。

ラズライトが教えてくれたこと

わたしにとって義母は、苦手だけれど、理解できないけれど、大切にしたい人です。

主人の両親が歳をとり、体調不良やケガに悩まされることが多くなっていく中、すべてを飛び越えて寄り添いたくもあり、それをしてまた苦手な義母に振り回されることを恐れる気持ちもあり……の十数年間でした。

久しぶりに話した義母は相変わらず不器用で、相手との適切な距離もわからないまま、ただ優しさをわたしにぶつけるだけでした。

わたしも相変わらず器の小さいまま、笑って受け流すこともできず、情けなく胃を痛めて着信拒否にすることしかできませんでした。

これまでのわたしの人生なら、そこで終わる筋書きだったのではないかと思うのです。でも、**そこにラズライトが作用し、着信拒否という一見破壊的な行為の中に、いまだからこそすべての条件を整える可能性があることをわたしに気づかせ、長い間、関係をこじらせていたわたしたちに、あっという間に手をつながせてしまったのです！**

いま、わたしは80歳を過ぎた義父母と関係を修復し、元気に大きく育った息子たちに会わせ、ここのところ少し認知機能に支障が出てきている義母に対して、わたし自身が心身を病むことなくいたわり、寄り添うことができるようになりました。そのことを心からありがたく思っています。

そして義母も以前とは打って変わって、わたしが電話をかけると明るい声でうれしそうに話をしてくれます。そして最後にはまるで実の娘に言うように「また声を聴かせてちょうだいね」と言ってくれるようになりました。

このラズライト効果。わたしとしては、インナーチャイルドがどう癒されてこうなったのかはまったくわからない、というのが正直なところです。

ただ今回の出来事を振り返ったとき、ふと人生の機微とでも言うべきものを感じました。

それは「どうにもならない！　と思ったことにこそ、思いがけないところにあっと驚く解決策がある」ということです。

このことは、人間関係、家族関係、経済的な問題などに深刻な悩みを抱えている人たちにとって、大きな希望となります。

問題を解決するために、現実的な努力や工夫はもちろん大切ですが、それと同時に、傷ついたインナーチャイルドを癒すことにも取り組んでみませんか？

まったく自覚はなくても、うまくいかない事の裏側にはインナーチャイルドの問題が潜んでいる場合が多々あります。ということは、それを癒すことによって、まさかの解決策が見えてくることも多々ある、ということです。

世の中は、現実だけでもないし、スピリチュアルだけでもないのです。わたしはその両方をバランスよく取り入れることが、本当の意味での現実的なものの見方だと思っています。

この出来事に興味を持たれた方は、ぜひ「自分を癒すことが大切」の項目（220ページ）も読んでみてください。これまで停滞していたあなたの物語が、新たに動き出すきっかけになるかもしれません。

石はどういうときに、どう効いてくるのか

「パワーストーンとかラッキーアイテムを持って、いいことがあった」と、ただいいことがあったことだけ言われても、スピリチュアル能力のないわたしからすると信ぴょう性のある話とは到底思えません。わたしならすぐに「石や商品を売りたくてそう言っているだけじゃないの？」とか「その人はもともと運がよかったんじゃない？」と思ってしまいます。

ここでひとつ、スピリチュアル能力のない主婦だからこその考察をお聞き願えますでしょうか。スピリチュアル能力がない分、スピリチュアル能力のない人にもわかるようにしか書けないのがわたしの取り柄です。

自分が経験した数々の石の効果と、運営しているネットショップのお客さまの体験談から、石はどういうときに、どう効いてくるのか、見えてくるものがありました。

それは……。持ち主の心の中に何らかの「強い想い」があるときに石が最も作用している、という傾向です。
・いまのままではダメだと思っている
・あの人と仲良くできたら、と願っている
・この状況を何とかしなくては！　と思い続けている
・もっと理想の自分に近づきたいけど、どうしたらいいのかわからなくて考え続けている……などなど。

このような状況があるときほど、答えを与えられたり、これまで制限となっていたものが取り払われて実現できるようになったり、想いを実現するチャンスがもたらされたりするようです。強いパワーの石をたくさん買っても、次元上昇を叶えると言われている石をどれだけ自分の周りに並べても、持つ人の中に叶えたい願い、理想、方向性がないと石も作用のしようがない、ということなのでしょう。となると「とにかく幸せになりたい」というのが一番叶いにくい願いになってしまいます。

自分の思う幸せ、自分はどうなりたいのか、を鮮明にするか、それさえもはっきりしないようなら「どうすればいいのかを知りたい」と強く願うことで、断然、石の協力を得やすくなります。

と、ここで忘れてはいけないことがあります。

最終的に石が強力にサポートするのは「行動」です。石は思いを伝えたり、障害を取り除いたり、条件をそろえたりと、叶える直前まではサポートしてくれますが、最後の、勇気を振り絞って手を伸ばす（行動する）ところは必ずあなたです。

手を伸ばさなければ、それまでにどれだけ石が効果を発揮していたとしても、叶うには至りません。現状を変える本当の効果、実感できる効果は行動の先にあるのです。

このように、石とつき合っていると、自分の姿をあらわにされる瞬間があります。口では「やりたいけどできないんだよね」と残念がってみせても、あと少し、というところで自分自身が「叶わないことを選んでいる」ことを知ることになるかもしれません。でもそれを知ることも夢を叶えるための第一歩ですね。

ここまで石と向き合ってきて思うのは、本当に石の効果を追い風にして夢を叶えている人は、口だけじゃない、本気で叶える覚悟がある人だとわたしは感じています。

第4章

石と仲良くなろう

言葉を超えたつき合いが始まる

石との最高の出会い方

石もあなたに惹かれている

一番幸せな、石との出会い方

世の中には、パワーストーンショップやミネラルマルシェなどでチラッと見かけた瞬間に目がクギづけになる石、というのがあります。

なんでその石に惹かれるのかはわからないけど、どうしても連れて帰りたくてたまらない。とても買わずにその場を去るなんてできない。そうやって導かれるように支払いを済ませ、家に着いてバッグから石を取り出してまじまじと見つめる。

何の石だかよくわからないけど、買っちゃった……。

無駄遣いしちゃったかな……。

でもなんか……うれしい。

この状態が一番幸せな、石との出会い方だと思います。理屈抜きで結ばれているからです。

こうやって出会った石とは、その先長い間とても良い関係を持ち続けることでしょう。人間でいうと結婚に近い状態の出会いなのかもしれません。

この値段の価値があるのかどうかさえわからないし買った自分にちょっと驚いているけど、メリットやデメリットを超えたところで本能的に価値を感じて満足している自分がいる、みたいな。

ちなみに、石に惹かれているときは、石側もあなたに惹かれている場合が多いようです。

石をリーディングできる方に教えてもらったのですが、**石は気に入った人の前でキラキラッと光って見せたりするそうです。自分が石を選んでいるようで、実は石に選ばれていたりして。**

でもそうだとしたら、ちょっとうれしくありませんか？　石のほうもあなたを選んでくれたのですから。

相性のいい石を選ぶコツ

理屈や都合ではなく心が動くものを

難しいことなんて何もない

相性のいい石を選ぶコツは、「安い」「人気がある」「～に効くって書いてたから」というような理屈や都合ではなく、**「かわいい！」「美味しそう！」「この形、惹かれる」「この色なんか元気が出る」のように好意的に「感じた」ものを選ぶ**ということです。

なーんだ簡単じゃん！

そう思われた方も多いと思います。そう、簡単なんです。難しいことなんて何もないんです。

石を見ても何も感じないんですけど……。

という方は、自分が感じていることを拾い上げる練習をするといいと思います。何かを見たときに何も感じないなんてなかなかないですから、きっと自分の内側に湧いてきた感情をキャッチしていないだけではないかと思われます。

ショップに並んでいる石を、目に入った順に片っ端から「好き」か「嫌い」か「どっちでもない」か、心の中で言っていくのも面白い発見があるかもしれません。

「わたし、この形の石が好きみたい」とか「またこの色の石に惹かれた」という風に気づいていなかった自分の好みが見えてくるでしょう。

石を好きになったり、集めたりするようになると、自然に自分の感覚を大切にするようになります。

それを人間関係や生活の中にも取り入れられるようになると、より自分の想いに沿った生き方を選んでいくことができるようになっていきます。

石に性別はあるか？

考えてみたことはありますか

たしかに「ある」と感じる

石に性別？　とお思いになるでしょうか。わたしも石が好きになるまではそんなことは考えてみたこともありませんでした。でも**石と接していると、性別はたしかに「ある」と感じます。**

見分け方は、石が丸みを帯びていたら女子、ゴツゴツしていたら男子、というようなことではなく、わたしが石たちと一緒にいて「この子は妹みたいだな」とか「物知りのおじいちゃんみたい」と石一つひとつに性別があるように感じているということです。

石の種類によっても傾向がある場合もあり、たとえばスモーキークォーツは厳格な長老のようなイメージの石が多いのですが、ときにポジティブで若々しいお兄さんのようだったり、とてもやわらかな優しいお姉さんのようなスモーキークォーツもいたりします。これはとても感覚的な話で、同じ石でも人によって感じる性別が違うこともあるかもしれません。

性別として感じているのは持っているエネルギーの特質が女性的か男性的かということなのだろうと思っています。性別を感じない石ももちろんありますが、それはきっとエネルギーが中性的で性差に偏りが少ないということなのでしょう。

特徴的なのは、なぜかわたしのところにくるアメジストはほとんどが女の子で、基本的にものすごく色気があります。商品画像としてアメジストを撮影していると、アメジストが発する色気にドキッとすることがあります。

スーパーセブンも紫のアメジストがしっかり入っているものは、恐ろしく色気がありです。石に色気を感じるって……と思うのですが、肉体を持つ人間でもかなわない色香を体現した石があるのです。

ガーネットなどはちょっとおせっかいな女の子が多いイメージ。ローズクォーツは、女子力が高くて気配りと思いやりに長けた、賢くて綺麗なお姉さんという感じ。

イケメンの石もある

イケメンの石というのもあります。特にイケメンなのが、スファレライトという石。わたしの大好きな石で、自信に満ち、迷いのなさや安心を感じます。

以前、スファレライトの商品説明に「この子はイケメンです」と書いたのですが、購入されたお客さまが「イケメンっていうの、なんかわかります！」とレビューをくださったことがありました。

わたしの手元にある「この子は、絶対イケメン君！」という石は、ナミビアはブランドバーグの水晶と、パキスタンの聖なる山で採取されたザギマウンテンクォーツです。心許ないとき、寂しいとき、イケメンの石と時間をすごすと心が満たされます。

つらいことがあったときなどは、イケメンの石を胸に当ててしばらくじっとしていると頼りがいを感じて無骨だけどまっすぐで素敵なエネルギーを送ってくれるのを感じます。

プレゼントで天然石をもらったら

とりあえず浄化！

多くの人が触っている可能性のある石の扱い方

石屋さんって意外と観光地に多いですよね。石は旅の記念になるのかもしれません。旅行のお土産、と言って金運の石であるタイガーアイや、恋愛のお守りローズクォーツなどのタンブルやブレスレットをもらったことがある、という方もいらっしゃるかと思いますが、「せっかくもらったけど、なんとなくそのままになっていて身に着けていないんだよね……」といった声を何度か耳にしたことがあります。

せっかくいただいたのになんとなく引き出しにしまったまま、というのもちょっともったいない気がするので、ここでわたしなりの提案をしたいと思います。

まず、**観光地で買った石は、多くの人が触っているため、さまざまな雑念を吸い込んでいる場合があります。**それが、なんとなく身に着ける気にならない理由のひとつになっているのではと個人的には推察します。

石をいただいたら、多くの人が触っている可能性のある石は、水に弱い石でも、天然水で湿らせた布をかたく絞れば水を吸って割れることはないので、まずはきれいに拭いてあげましょう。そのあと、石の特性に合わせてしっかり浄化してみてください（詳しくは次ページからの「石の浄化とパワーチャージ」をご覧ください）。

しっかりと浄化した後の石は見違えるようにうるうるプルプルしているので、身に着けることに対して抵抗がなくなっている、ということがけっこうあります。

その他に、人にもらった石は、自分の趣味とは少し違うので戸惑う……ということがあるでしょう。

そういった場合も、嫌いな人ならともかく、親しい人が自分をイメージして選んでくれた石であれば、自分の趣味ではなかったとしても何かしら縁の深い、あなたにプラスの要素をもたらす子なのかもしれません。お守りだと思って大切にしてみてはいかがでしょう。相性のいい石なら、持っているうちに愛着が湧いてよさがわかってくるものですよ。

石の浄化とパワーチャージ

石の健康を守るために

それぞれの石に合った浄化法を

石は人のためにパワーを発揮します。パワーはすなわちエネルギーです。人間もエネルギーを出して生きています。石にしても人間にしてもエネルギーは使うとなくなるものなので、疲れたら浄化、パワーチャージが必要になってきます。

浄化とは、人間でいうところの「ストレス発散・休息・デトックス（悪いものを出す）」で、パワーチャージとは「栄養を取る・モチベーションを上げる」という感じです。

でも、例えば楽しい時間をすごすことは、ストレス発散にもなるし、モチベーションを上げることにもなるので、重なる部分もあるのですが、意味合いの違いを理解して、**浄化**

とパワーチャージの両方を意識してあげると石の元気が保たれます。

浄化の方法はたくさんあって、それぞれの石に合った方法が好ましいとされています。例えば朝日に当てる浄化。退色する恐れがあるため直射日光を避けたほうがいい石（アメジストやローズクォーツなど）もありますが、早朝の日光に数分当ててあげるだけなら問題ありません。

あとは満月の夜に月光に当てる浄化。色が薄いもの、エネルギーが繊細そうなものに特に合う浄化方法ですが、基本的にはどんな石でも大丈夫です。

もう一つは天然水による浄化。数十分浸けておくのもいいし、天然素材の柔らかい布を湿らせて拭いてあげても良いです。

水に溶けやすい石とか、水を吸収すると割れやすくなる石などもたくさんあるので、一つひとつインターネットなどで適性を調べることをオススメします。

水が苦手なものも硬く絞ったやわらかい布で拭いてあげるくらいなら大丈夫なものもあるので、様子を見ながらやってみてください。

他にもホワイトセージの乾燥させた葉を燃やしてその煙でいぶす浄化や（乾燥したホワイトセージはインターネットなどで簡単に手に入ります）、水晶のクラスターやさざれの上に置いて休ませる方法などがあります。かなりパワーを消耗している石などは数日〜数週間土に埋めてあげると元気になることもあります。観葉植物の鉢の中に置いておくと、石も植物も元気になるので一石二鳥です。

ダイレクトな健康管理であり愛情表現でもある

浄化は石の健康に関わるところなので、石の気持ちのようなものがふと伝わってくることがあります。

天然水の浄化が合っていると感じたのはアクアマリンです。

アクアマリンって、きれいな水色だから海とか水っぽい名前をつけられただけかと思っていたのですが、湿らせた布でふいてあげると、とってもうれしそうに感じたので「あれ？　やっぱりアクアマリンっていうだけあって本当に水が好きなのかな」と感じたことがありました。

話がそれてしまいましたが、**浄化はふだん持ち主のためにエネルギーを使ってくれている石に、持ち主側からしてあげられるダイレクトな健康管理であり愛情表現でもあります。**浄化をしてあげることでコミュニケーションが取れ、信頼関係を築くことができると考えて楽しくお世話をしてあげましょう。

あまり神経質になる必要はありません。時間のあるとき、で大丈夫です。

石と持ち主の絆が深いと、石は自分の力を超えて頑張ってしまうときがあるので、ひとつの石にだけ頼らずに、いくつかの石をローテーションして負担を分散しながらそれぞれを休ませてあげることも石を長持ちさせるためにはよい方法です。

ときどき「おはよう」「ありがとう」などと話しかけたり、一緒に穏やかな時間をすごしたり、美術館やコンサート、カフェに連れて行って楽しい気持ちをシェアすることも浄化とエネルギーチャージの両方になると思います。

ちょっと独特すぎて笑われるかもしれませんが、**わたしは人間が喜ぶことは基本、石も喜ぶと思っています。**

スピリチュアルにハマり過ぎないために

どんなときも自分軸を持とう

「なんか怖いんですけど……」

さてさて、もしあなたの身近な人に、「わたし、最近、石に話しかけてるんだ。石って生きてるんだよ」なんて言ったらどうなるでしょう。

わたしが何年か前に、マクラメ好きの数人のグループでフリーマーケットに出店したときのこと。ちょっとした縁で声をかけてもらって参加したものの、わたしはグループの五人とはほとんど初対面で、最初はどんな人たちなのかよくわかっていませんでした。でも、少し話をしてみると、みんな石とマクラメが好きな、いい方たちばかりのようでした。

商品を並べ終えてひと段落したわたしは、妹のように可愛がっているスペサルティンガーネット（オレンジガーネット）のすっちゃんをポケットから出して、「ほら、いい天気だよ。気持ちイイね」なんて言いながら日向ぼっこをさせていました。

すると、グループのうちの一人が「何してるの？」と声を掛けてきました。

「ん？　日向ぼっこさせてるんだよ。この子、自然が好きみたいだから」

そうわたしが答えると、

「なんか怖いんですけど……」

そういった彼女の顔は、ちょっと涙目にさえなっていました。意地悪で言っている素振りはなく、本当にわたしを不気味がっているようでした。

その瞬間、わたしは、彼女がわたしに驚いた以上に驚きました。

（石が好きだと言っていたのに、石をモノだと思っているの？）

わたしも驚きとショックで涙目になっていました。

大切なのはスピリチュアルの割合が現実の割合を超えないこと

これはどちらが正しいという話ではなく、モノの見方や考え方が極端に違う二人が遭遇して互いの価値観に泣くほど驚いたというだけの話です。

石に話しかけている＝ヤバい。闇が深い。宗教を始めたらしい。

いまの世の中ではなぜかそういう話になります。

そもそも人間自体が、どこから何しにきた何者かも説明できない摩訶不思議な存在であるにもかかわらず、目に見えないものに対しては、まだまだ基本的に否定的な人が多いみたいですね。

わたしは石に話しかけてはいますが、子供の学校の行事には参加し、仕事をし、家事や炊事もちゃんとやっています。会社を経営している主人とも、対等に話をしたり、互いにアドバイスをし合ったりもします。経験から石を生き物と認識しただけで、つき合う人や生活自体はそれ以前と何も変わってはいないのです。

とはいえ、**スピリチュアルに落とし穴がないわけではありません**。

日常の中でスピリチュアルの割合があまりにも大きくなってしまうと、あっという間に家族関係やお財布事情に支障が出る可能性もあるので気をつけたいところです。その不具合はなかなか自分では気づけないものなのですが、運気が上がれば取り戻せる！　とスピリチュアル関係のことにお金をつぎ込んだり、占いの言いなりになったりするようではちょっと情けないような気もします。

以前、占いのTV番組を観ていたとき、有名な占い師さんがさんざん占った後に「でもこんなの、ただの占いでしょ？」と言ったのを聞いて、「この人、めちゃくちゃかっこいい！」と思ったことがありました。占い以上に自分を信じることができて初めて、占いを参考程度に楽しむことができるのかもしれませんね。**スピリチュアルを適切に楽しむためには、どんなときもスピリチュアルの割合が決して現実の割合を超えないよう、しっかりとした自分軸を持つことが求められます。**

世の中にはさまざまなスピリチュアルが氾濫しています。玉石入り混じる中で、どのスピリチュアルが本物で自分に合っているのかを判断するのは非常に困難です。そんな中で、まだまだ石を楽しむことと人にわかってもらえることはイコールとはなっていません。

そう言うわたしも、自分が実感したことのない分野のスピリチュアルに関してはかなり慎重になると思います。だからこそ、自分の生活の中で許容している小さなスピリチュアルがこんなにも輝いているのかもしれません。

第5章

今より少し幸せになるために

惜しい運気を石で底上げ！

自分を癒すことが大切

全体運が底上げされる

思ったような人生を歩むためには

石と関わるようになって、だんだんと自分を取り巻く環境が整いつつ変化していく中で気づいたことがあります。**自分を輝かせ、思ったような人生を歩むためには、まず自分の心を癒すことが大切だということです。**

それに気づいたのは、自分のやりたかったことが勢いよく形になり始めたときでした。

気がつけば、わたしがいいと思って仕入れた石のよさがお客さまに伝わって、喜んで購入してくださる方が一気に増えたり、お客さまからお問い合わせをいただいて、ご希望に添う運命のめぐりあわせのような石をたくさんの人にお渡しすることができるようになっていました。

収入もグンと上がり、誰かの心を癒すお手伝いもさせてもらえる……。そうなる前にわたしは石を使って意識的にしていることがあったのです。それが土台となって、次のステージに進めたのではないかと思うのです。

石を使って意識的にしていること、それは「自分を癒すこと」でした。わたしは自分が被害者ぶるのはあまりよくないことだと考えていたので、過去に辛かったことや悲しかったことなどをあまり大げさに考えないよう努めていました。

あのくらいのことは誰にでもあることだから、と。

たしかにそうで、人一倍ひどい目に遭って生きてきたわけでもないし、忘れられない強烈なトラウマがあるわけでもないのですが、それでもやはり、心についた傷をそのままにしている部分があったのは否めません。

みなさんにも思い当たることがあるかもしれませんので、わたしがケアせずに放置していた事柄を例としていくつか挙げてみます。
・幼い頃、兄弟姉妹と大きく差別されて育てられていたこと。

・育っていく中で、大人から理解や安心感を十分に得られなかったこと。
・親せきや家庭の中で不条理な出来事をいくつも飲み込んできたこと。
・信頼していた人、大切にしていた人に裏切られたこと。

などなど。きっと「そのくらいなら自分にもあるよ」という方はたくさんいらっしゃると思いますし、「自分はもっとひどいことがあったけど気にしていないよ」という方もいらっしゃると思います。

わたしもこの程度のことは、生きていれば誰でも経験することだと思っていましたし、それで「傷ついた」なんていつまでも言っていてはダメだと思っていました。

でも、気にしないようにはしていましたが、傷を治してはいなかったんです。痛み出さないようにずっと冷凍保存しているような状態だったのでしょう。そしてまったく予想していなかったことなのですが、その傷があらゆることに差し障っているらしいことがだんだんわかってきました。

なのでわたしは思い切って、自分の中の傷やインナーチャイルドをしっかり癒してみようと思いました。その痛みの元になっている人を恨むとか、憎しみを新たにするのではなく、ただ、自分を癒すのです。

石は癒されたいだけ癒してくれる

それからわたしは癒しをもたらしてくれそうな石をたくさん集めました。その中には一般的に言えば、ヒーリングの石ではないものもたくさん含まれていました。

ヒーリングの石、というのは商業的にそういうカテゴリーに当てはめているだけで、どんな石にもヒーリング効果はありますし、わたしを癒す石は、わたしの感覚でしかわからないものもあります。

怯《おび》える心、というのはなかなか自分一人で克服できるものではありません。誰かに話してサポートしてもらうのもいいと思いますが、あまり迷惑をかけたくありません。そんなとき、**自分が癒されたいときに、癒されたいだけ癒してくれるのが石なのです。**

石は言葉を持たないので、波動であなたを理解します。そこには強がりも言い訳も通用しません。だからこそ、あなたの気持ちを寸分違わず理解し、必要な癒しのパワーを送ってくれるのです。

これはわたしの実感です。**石はわたし以上にわたしの傷をわかってくれている頼もしい存在です。**

温かい時間をすごすと元気が出てくる

特に力になってくれたと思うのが、シトリン、ブルーアパタイト、モリオン、ザギマウンテンクォーツ、お気に入りのスモーキークォーツ、ハーキマーダイアモンドなどです。ほかにもたくさんありましたが、これらの石が力強く支えてくれていたと思います。あと、一般的にはグリーンファントムクォーツやクォーツインクォーツ（貫入水晶）もインナーチャイルドを癒すには効果的だと言われています。

そういった石を手に握ったり、胸に当てたりすることでダイレクトにヒーリング効果を得ることができます。

わたしは家族が寝静まったり、家で一人きりになったとき、リビングのソファにゆったりと座って、石を膝の上に乗せたり、胸に当てたり、小さな石を握ったりしながら、過去の自分に語りかけました。

幼い頃、叱られるときに、かなり感情的に人格否定されていた自分には「もう大丈夫だよ。そんなことないよ。いまはとってもしあわせだからこっちにきていっしょに安心しよう」とか、信頼していた人に裏切られたときの気持ちには「裏切る人もいたけど、どんなことがあってもそばにいてくれる人もたくさんいたよね。この先、また裏切る人がいたとしても、それはその人の問題で、あなたは何も失わないんだよ」というふうに。


じんわりと温かい時間をすごしているうちに、ちょっと元気が出てきました。根本的な部分への癒しは、すぐにわかるものではないし、言ってみればとてもわかりにくいものかもしれませんが、数カ月、数年というスパンで、癒しの日課としてやってみてください。

少しずつですが「わたしなんて」と思っていたはずのことに、好奇心のほうが勝ってきて「やってみたい！　面白そう！」に変わっていきます。

心が元気になると自信や好奇心が湧いてきて、消極的な生き方がつまらなくなってそれ以上続けられなくなるものです。このヒーリングは今でも寝る前に信頼できる石を胸に当てるという形で毎日のようにやっています。

すべてをよい流れに乗せてくれる

心の癒しに手をつけてからです。あれをやってみよう、これをやってみようと仕事でもいろいろなアイデアが浮かぶようになってきました。

インナーチャイルドや傷ついた心を癒す～心が元気になる～身体も元気になる～いろんなアイデアが浮かぶ～失敗を受け入れる余裕が生まれる～自信を持って自由に活動できるようになる。こんな好循環が生まれました。

これを読んで「わたしはそんなに傷ついていないから違うわ」と思った方こそ、今一度ご自分の心と向き合ってみてください。**「大したことじゃなかったとしても、嫌だったことがあるよね」と石を胸に当ててご自分に話しかけてあげてみてください。**

根本的な部分の癒しは基本、運を上げることになって、結果的には仕事、恋愛、健康、経済のすべてをよい流れに乗せてくれることになります。

恋愛運を上げよう！

あえてはずす

ルビーではベタすぎるかも

パワーストーンで恋愛運を上げる、というのはまあまあ一般的なお話だと思います。実際にやってみたことのない人でも、ローズクォーツ、インカローズ、ルビーなどのピンク・赤系の石は恋愛運を上げる効果があるというのは聞いたことがあるのではないでしょうか。

だから、好きな人に会うとき、デートのときなどにそういった石を身に着けて行くのもアリだとは思いますが、それではちょっとベタすぎるかな、とも思います。

たとえば、好きな人に会うときに、真っ赤な口紅をつけて行ったり、ピンクでヒラヒラレースのついたワンピースを着て行ったとしたらどうでしょう。

もちろん女性らしいと喜ぶ方もいるとは思いますが、半数以上の男性はちょっと引いてしまうのではないでしょうか。あまりグイグイこられると、男性は引くという特性があるように思うのです。

逆に、女性らしい人がキリッとスタイリッシュに決めていたり、さわやかな雰囲気でまとめていたりすると、男性はグッと興味を惹かれたりすることがあるようです。

石も然り。**好きな人に会うときはゴリゴリのピンク系の石は避けて、アメジスト、アクアマリン、ペリドットなどの、ピンクじゃないけど恋愛を上げてくれる石をお勧めします。**

ピンク・赤系の石の恋愛運の上げ方は、簡単に言うと「フェロモンを出す」感じです。なので、好きな人の前でパワーを全開すると、「やり過ぎ感」につながることがあります。過ぎたるは猶及ばざるが如し、です。

こんなときこそピンク系の石を

それに対して、ピンク・赤系じゃない石の恋愛運の上げ方は、アメジストだと「新しい魅力を引き出す」、アクアマリンは「人を引き寄せる・人気運の上昇」、ペリドットは「魅力的に見せる（明るさや知性をアピール）」という、別方向からのアピールをしてくれます。

もちろん、自分には色気が足りない！　愛嬌がない！　と思っている人には、デートのときのピンク・赤系の石はとてもオススメですし、女子同士の集まりや、家族で出かけて「とにかく楽しみたい！」というときにも、ピンク・赤系の石が気持ちを解放してとことん楽しめるようにサポートしてくれます。

では、バリバリ仕事をしないといけないときはどうでしょう。

そういうときに、突き進む系の石を持つと、女性らしさがみじんも感じられなくなったり、コワいって言われそうな雰囲気を出してしまうことがあります。そんなときこそピンク系の石を着けてみてはどうかと思います。

テキパキと仕事をこなしている姿のどこかに女性らしさが見え隠れすることで、仕事がうまくいったり、人間関係がうまくいく効果が期待できます。

恋愛に関しては、ベタな使い方を少し外したほうが効果がグンと上がるように思います。

そもそも「女性の美しさ」って？

さて、石の効果として「女性の美しさをサポートする」と言われるものが、意外とたくさんあるのですが、そもそも「女性の美しさ」って何でしょう。

見た目？　それとも若さ？　石と出会うまでのわたしはそんな感じで思っていました。

でも、女神のように慈愛に満ちた美しい石たちに出会ううちに、少しずつ考えが変わっていきました。**石たちを見ていると、本当の女性の素晴らしさ、美しさは、「寛大さ」「許し、受け入れること」にあるのではないかと思うようになったのです。**

自分と違うものも受け入れて、許容して、たくさんの人に愛を注ぎ、制限をもうけずに楽しいことに胸をときめかせて生きて行く姿こそ、女性らしい美しさだと思うと、違う生き方が見えてくるように思います。

ちょっと恋愛運からは話がそれてしまいましたが、いつまでも輝く素敵な女性であることも石は応援してくれています。

健康運を上げよう！

副作用のない石の健康法

石がチャクラを浄化する

石について調べていると、チャクラという言葉が出てきます。

チャクラにはさまざまな解釈があるかとは思いますが、インターネットで見てみると、生命エネルギーの出入り口と言われているようです。基本的にチャクラは七つあって（もっと多く出てくるサイトもあります）、身体を下から上に向かって第一チャクラ、第二チャクラ……とエネルギーの回路の重要ポイントに番号を振ったようなもの、と言えばわかりやすいかと思います。

このチャクラが閉じたり詰まってしまっていると、エネルギーの通りが悪くなり、身体の各所に支障が出てきます。

そして各チャクラに相応する色とパワーストーンがあり、該当するパワーストーンをそのチャクラの上に乗せると、チャクラが浄化されエネルギーの通りがよくなり、身体の不調が緩和し整っていくと言われています。

パワフルな石の中には、全チャクラに対応するというものもありますし、水晶などは透明なので、どのチャクラでも浄化できると言われています。

これは西洋医学を否定するものではなく、症状が長引くときや、できるだけ薬を飲みたくないとき、原因がはっきりしなくて対処のしようがないときなどに、自分でできる気軽な自然療法のようなもので、回復の可能性を高めるおまじないくらいの気持ちで楽しく実践できるものです。

わたしの場合、よく耳の下あたりのリンパの流れが悪く、重くなるので、そんなときはお気に入りの水晶や全チャクラを浄化・活性化すると言われているインド産の天然レインボークォーツ（アナンダライト）という石をそこに当てています。そうすると、当てたところが気持ちよく、軽くなるような気がします。

気の流れをよくしたいのなら

セドナストーンという赤土が固まったような石があるのですが、それなどは勢いのあるエネルギーで、ストレスを洗い流し心身を活性化する作用があるので、気の流れをよくしたいときや活力を上げたいときは、**出かける前にエネルギーを分けてもらうようにストーンの上に手を置いたり、ソファや椅子に座っているときに膝の上に乗せりしています。**

石と関わるようになって最初のうちはあまり感じ取れなかったのですが、しばらくすると「石に触れると気持ちがいい」と思うようになりました。

たとえて言うなら、幼い子を抱きしめたときのような安堵感とエネルギーの活性とでもいうのでしょうか。

息子たちは二人とももう高校生になってしまったので、母親であるわたしは指一本触れさせてもらえませんが（涙）、そんなときにいいものを見つけたぞ！　という感じで、夕食後にソファでテレビを見ているときに、大好きな石を握ったり、膝やお腹に乗せたり、健康のためだけでなく、安心感を得たり、リラックスして疲れを取ることにも石はひと役買ってくれています。

そのおかげでしょうか、先日初めて訪れた気功を取り入れた整骨院の先生に「いま、施術をしながら気を通しているんですが、鈴丸さんはものすごく通りがいいですよ。気の通りがいいとあっという間に身体がほぐれるんですよ。これはすごい！」と言われました。たしかに先生が気を入れながら足を押し上げていくと、まったく痛さもないままどこまでも足が上がっていきました。やはり石を身体に当てるとチャクラが浄化されているのだな、と実感できた出来事です。

エネルギーの流れがちゃんとわかるようになるにはスピリチュアルな能力が必要だったり、修行的なことが必要になってくるかもしれませんが、そこまでするつもりのないわたしたちは、とりあえず不具合のある部位のチャクラに合った石を当ててみましょう。

石が寝ている間に身体を整えてくれる

ゆっくり石を触っている時間がない！という方は、**眠れるまでベッドの中で心が落ち**

着く石を握ったり、浄化力が高く自分がリラックスできる石を枕の下に置いておくと、寝ている間に身体を整えてくれたり、カルマを浄化してくれたり、お手軽に石の効果を得ることができます。

そういう意味では、ヒーリング力の高いブレスレット（どの石がよいかは人によるところが大きいので、ご自分が「これ」と思うもの）を身に着ければ、アクセサリー感覚で石から効果を受け取ることができてとても便利です。

わたしもよくブレスレットをするのですが、ついつい手に取ってしまうブレスレットは、着けているとなんとなく身体が楽になったり、疲れにくくなるものが多いです。やはり、身体が求めている石を無意識に選んでいるのでしょう。

ちなみに、**わたしがよく手に取るブレスレットは、リビアングラス（丸玉は高価なのでさざれ石を使ったもの）、ヒマラヤ水晶、モスアゲート、アクアマリンなどです。**

石を身に着けるだけで「なんか心地良い」と感じられたら、すごくよいリラックス方法を手に入れたことにもなりますね。

金運について

金運は奥が深い

どうやったらドンと金運が上がるのかわかりません

なぜここのタイトルは「金運を上げる！」じゃなくて「金運について」なのか……。

それは、わたしがどうやったらシンプルにドンと金運が上がるのか、よくわからないからです。

ですが、石を持ち始めてからわたしの収入は確実に増えました。そこから見えてきたのは「**金運というものは全体的な運気をつかさどり、単独で上がるものではない**」という他の運気とは一風変わった法則です。

宝くじが当たる、とか大口の契約が転がり込んでくる、といった一時的な金運を呼び込む石というのはどこかにあるのかもしれませんが、わたしはまだ「これだ！」というものを見つけていません。

それはきっと、わたしが「お金だけが入ってくること」にあまり興味がなくて、自己実現していくうちに自分で稼げるようになりたいと思っているからではないかと思います。

つまり、無意識的に「金運だけに特化した石」を選んでいないのかもしれません。

そう、金運にはいくつか種類があって「刹那《せつな》的で努力の要らないもの」や「継続的で本人の努力を要するもの」などがあります。

ここではその辺のことをお伝えしながら具体的に「自分にとっての金運アップって何？」ということを考えて行きたいと思います。

これか！

まず、石だけでもできる金運アップについて。

わたしは石を集め始めて３～４カ月経ったころ、ふと「お金が出ていく速度が遅くなった」と感じました。

飛ぶように出て行っていたお金が、マイペースなジョギング程度の速度になったという感覚でした。

育ち盛りの息子が二人いるので、お金が出て行かなくなることはないのですが、銀行で10万円下ろしてもすぐに「もうなくなってる！」となっていたのが、「まだ6万円ある」くらいの感覚です。


どの石だ？

わたしは刑事のような鋭い目つきで石たちを見渡しました。

どの石かがわかれば、その石を山ほど買ってきて、さらにお金の流出を防ぐことができる！　そしていつもお金に困っているママ友のアヤさんにも教えてあげられる！

アヤさん待ってて！　今突き止めるから！　うーん、でも石がたくさんあるからどの子のおかげなのかぜんぜんわかんないなー。

わたしの視線がリビングの窓際に並んだ石のところで止まりました。

これか！

わたしが思い当たったのは、気になっていたリビングの大きな窓でした。

この窓は風が入ってきて見晴らしもよく、とても気に入っているのですが、玄関から入ってきた空気がほぼ真っ直ぐにそこから抜ける位置にあります。

わたしは風水にくわしいわけではないのですが、「こういうのって、玄関から入ってきた良い気や金運がそのまま出て行っちゃうのかな」と思っていた場所です。

その窓際が石を置くのにちょうどいいスペースだったので、いろんな石を置いていたのですが、もしかしてこの子たち、金運が流れ出て行くのを止めてくれている？

わたしは何がどうしてそうなっているのかをスピリチュアル的に解説することはできないのですが、ただシンプルに「こうやったらそうなった」という現象を元にしているので、実用性は高いと思います！

金運が出て行きそうな大きな窓があれば、窓際に石を置いてみることをオススメします。

窓の位置によって風水的にその方位と相性のいい色の石を置くのもいいですし、調べるのが面倒であれば、色に左右されない水晶や白い石でもいいかもしれません。

ここはしっかり効果が出てほしいところですので、どうせ置くならできるだけパワフルでついでにいい運気も呼び込める石、水晶ならヒマラヤ産だったり、守護力にも長けたアメジストのクラスター、ネガティブなものを追い払うモリオンなどもいいと思います。

オレンジ色の石がお買い物運を上げてくれる

あと、金運について面白い発見をしました。

はっきりとお金を呼び寄せる石はまだ見つけていないのですが、**お買い物運を上げる石は見つけました。それはオレンジ色の石です。**

石の種類よりも、オレンジの鮮やかさが大きく影響しているように思います。オレンジの石というと、カーネリアン、オレンジガーネット、アンダラクリスタルのオレンジ色のもの、などです。

お買い物運がいいと……。

・いいものがすごくお得に手に入る。
・後々まで買ってよかったと思えるものを選べる。
・不要なものを買わなくなる。
・とても気に入ったものに出会える。
というようなメリットがあります。

なので、今日はたくさん買うぞ、とか、いいものに巡り合いたい、と気合を入れてお買い物に行くときは、ぜひオレンジの石を身に着けたり、カバンに入れておくことをおススメします。カーネリアンなどは比較的リーズナブルに鮮やかできれいなオレンジ色のものが手に入ります。

石が教えてくれた「自分を信じる」こと

ここまでは、お金が出て行かなくなる、とかお買い物運が上がる、というちょっと消極的な金運アップのお話でした。

では、積極的に収入を増やすにはどうすればいいのか。それについてはこれから実体験を元に分析していきたいと思います。

わたしは自分で稼げるようになりたいと思いながら、石を仕入れてネットショップで販売してきましたが、時を経るとともに「売れそうな石より、自分の好きな石を売る」「売れなくてもいちいちブレない」ことがわたしがショップを運営する上で、とても大切なことだとわかってきました。

そしてそれを貫くためには、石が教えてくれた「自分を信じる」ことが不可欠だったと思います。

そうやって少しずつお客さまの信頼を得てくると、収入が少しずつ増えてきます。そうすると仕入れの資金が増えてきて自信もついてくるので、さらに自分の思うような仕入れが可能になってきます。

それが徐々に大きくなってくると、さらに自信がついて、お客さまを喜ばせる企画や、他のハンドメイド作家の方とのコラボ企画など、これまで思いつかなかったさまざまな楽しいアイデアが浮かぶようになってきますし、お客さまからも、さまざまなお問合せやメッセージを受け取るようになっていきます。

その正のスパイラルが徐々に大きくなりながら上昇していくことで、少しずつ収入が増えて行く、というのがいまのわたしの状況ではないかと思います。

そう考えると、**わたしの収入アップのきっかけは意外にも「自分を信じられるようになったこと」で、成長のコツは「思いついたらやってみること」だったのですね。**

（「自分を癒すことが大切」の項目でお話しした、古い心の傷を癒して、心のブロックを外し、愛や喜びの循環をよくすることもお金の流れに大きな影響を与えます。自己実現するために石を使って自分を信じることや癒すことなどに取り組んでいると、その副産物として人脈が広がったり、収入が増えるということがちょこちょこ起きるのです）

このように、金運は思っていた以上に奥の深いものです。

みなさんも、いまの自分にできる金運アップが、お金が出て行くペースを遅らせることなのか、いい買い物をすることなのか、自己実現と共に収入を増やしていくことなのか……。ご自分の幸せのために一度ゆっくり時間を取って考えてみてはいかがでしょうか。お気に入りの石を手に取って。

そのとき、「わたしには無理だ」と思っていたことが「できそうな気がする」に変わったり、「あれをやってみようかな」と思いついたら、それは貴重な第一歩です。

そんなときは即、行動に移してくださいね。

わたしも応援しています！　なんせ、わたしの継続的な金運アップは自分を信じてやってみることから始まりましたから。

石の効果を上げる、持続させる

石の目的を理解しましょう

自分から積極的に効果を取りにいく

わたしは石の効果を人に説明するときに、必ず「**石は魔法はかけてくれないけど、やり方は教えてくれる**」ということをお伝えしています。

石を持つだけでお金持ちになりました、結婚できました、という話も聞いたことがありますが、そこには必ず持った人の心の変化があると思うのです。

そう、石を持つこと自体が「そうなるぞ」という意気込みであり覚悟であり、そこからくる行動が事態を変えているところも大きいと思うのです。

例えば、ふだんは愛想のないタイプの女性が、恋愛運を上げたいと思い、とても美しいローズクォーツを身に着けたとします。

その人が誰かと話しているとき、いつもなら無表情で「は？」と聞き返していたところを、素晴らしいローズクォーツを身に着けていると「どうして？」と微笑みながら聞き返してしまう、ということが女性なら誰しもあると思うのです。「今日はこんなに美しいローズクォーツを身に着けているのだ」という気持ちひとつで。

その気持ち！　大切です。それも大きな効果なのです。

「本当にこれは石の効果かなぁ？」と疑う気持ちで精査しようとしたり受け身で待っているよりも、**「石を身に着けたら新しい自分に出会えた」とか「石のおかげでこんな気持ちになれた」と、自分から積極的に効果を取りにいったほうが断然お得です。**

石から学んで自分が変わること

そして効果を持続させるためには、石から学んで自分が変わることです。人が「不満がある状態」から「幸せな状態」に大きく移り変わるとき、心の在り方や考え方に何かしらの変化が起きるはずなんです。個人的なパラダイムシフトというか、飛躍的な成長というか。

石を持って「良いことあったけど、最初だけだよね」と思ったら、それは石に効果だけを期待して、大切なことを受け止めていない可能性があります。**石は人を堕落させるために存在しているのではないので、「次は何？」と効果だけを待ちわびる人には作用しなくなります。**

石ってそのくらいひたむきなんです。**石の目的は自らが評価を受けることではなく、持ち主を成長させることなのです。**

石とコミュニケーションできるようになっていく人、石を持つたびに自由になっていく人は、自分がいつもと違う考え方をしたり、いつもと違う日常の展開に出会ったら、石からのメッセージだと受け止めて、素直に自分と向き合って真の成長を遂げていきます。

行動を起こすことの先に変化がある

石を持ち始めて、いつもと違う出来事が起きたと思ったら、その理由を考えてみてください。

石は何を伝えようとしているのか。

今回、石のおかげでうまくいったことを、石なしでやるにはどうすればいいのか。

そこにはどんな成長が必要になってくるのか。

これまで何が邪魔をしていたのか。

わたしは、石から何かを感じ取ったら、そこから思いついたことをひとつ行動に移すことにしています。**どんなにささやかなことでもいいんです。行動を起こすことの先に変化があります。**

これまでにわたしが起こした行動の例としては、長い間会っていなかった実家のおばあちゃんに会いに行く、主人が好きなちょっと手のかかる料理を久しぶりに作ってみる、友だちと久々にガッツリ会う、ひとりで木々の豊かな公園を歩く……。その程度のことです。

そのことに何の意味があるのかわからないまま、とにかく思いついたことを行動に移しているうちに、若い頃とは違ういまの自分の自由や幸せのカタチが少しずつ見えてきました。

石と共に成長する方法を覚えたら、あとは正のスパイラル！　新しい石を持つたびに自分がひとつ成長し、幸せを手に入れやすい体質に変わっていきます。

石好きのわたしがこんなことを言うのは意外かもしれませんが、**石を持つ究極の目的は「石なしでも幸せになれる体質や考え方を手に入れること」ではないかと思います。**

そうなれたら、もっと純粋に石を愛せるのではないでしょうか。

エピローグ★想いは届き、願いは叶う

石に出会う前のわたしは、何か自分にしかできないことはないか、と長い間探し続けていました。

いろいろな習い事を試した時期もありますし、さまざまな仕事にチャレンジしたこともあります。でも、そのどれもが、あまり続かず、評価もされず、求められることもなく、何の反応も手ごたえもないまま消えていきました。

石と出会って初めて、自分に合った仕事に出合えた気がしました。これまでの職場では支障でしかなかった、わたしの、相手の思いを読み過ぎるところや、受け止め過ぎる性質が、天然石のショップではかなり生かされることを知ったのです。

石が手元に届いたときに、画像よりもきれい！　という満足感を届けたくて、実際の石より鮮やかに写った画像は使わないよう気をつけたり、購入した石が届くのを待ちきれない気持ちがわかるので、できるだけ早く発送したり、誰かのお役に立ちそうな石を探した

り、お問い合わせにできるだけ丁寧にお返事するという、店を運営する者にとってはごくごく当たり前のことなのですが、こういった「相手を思って動く部分」が生かされる仕事が自分には合っていることがわかったのです。

この仕事に出合って初めて、いままで何の役にも立たなかった自分の特性が不意に長所として機能していることに気づきました。**40年以上も空回りし続けていた想いや信念が、いつの間にか堂々と肯定できる自分の長所へと変わっていたのです。**

そしてもうひとつ。石を持つ前のわたしは、やりがいや仕事のことだけでなく、人間関係についてもあまり恵まれているとは言えませんでした。

大切な人や、自分にとって特別な人たちはわたしのことをとても大事にしてくれていたのですが、わたしを取り巻くその他の人々からは、なぜか手酷い扱いを受けることが多かったのです。

わたし自身は人を大切にしよう、と思って生きているのですが、あまりにも周囲の人たちから予想もしていなかった嫌がらせや裏切りを受けることが多かったため、「わたしがどんなに人を大切にしようと心がけていても、そのことがわたしを取り巻く環境に影響することは一切ないんだな」そう感じていました。

じゃあ、どうしましょう？　嫌がらせされる前に、こっちから仕掛ける？　裏切られないよう賢く人を信じない生き方をする？　あまりに傷ついたときにはそんな選択肢も頭をかすめましたが、それが正解なわけがない、と心は知っていました。


でも誰だって自分が夢を持っていないと、ときめいていないと、人に優しくなんてできないものです。だからわたしはこの本を書きました。美しい石を自分のために迎えて、コミュニケーションを取り、子供の頃のようなどきどきワクワクする魔法をひそかに体験するものとして。

そしてうれしいことに、わたし自身も石を持つようになって「あれ？　周りの人が優しくなった？」と思うことが増えました。親切な言葉をかけてくれる人々が増え、やっかいなことを持ちかけてくる人との縁が少しずつ切れ始めました。

その結果、周りの人たちとお互いの幸せを願い合える温かい人間関係だけが残っています。

そのことだけでも、どれだけ生活が豊かで快適になったことか。そしてもしこの先、面倒な人と出会うことがあったとしても、石が教えてくれたさまざまなことがあります。相手と自分に真摯《しんし》に向き合って解決する信念もスキルも身についてきました。そして人やトラブルを前ほど恐れなくなりました。これはとてもうれしい変化です。

石に出会ってしばらくしてわたしは、心の中でひそかに願っていたこと、心がけていたこと、誰かに話すネタにもならないような、あまりにも個人的な小さな想いが、誰かに聞き届けられたような気がしました。

それはきっと、理解するのに言葉を必要としない石たちが、わたしの想いをはっきりととらえて誰かに届けてくれたのではないか、と思うのです。

「願いを届けるにはこの石が効きます！」というのは特にありませんが、自分の気に入った石を愛で、大切にするなかで、**あなたが石をのぞき込むとき、石もあなたの心をのぞき込んでいます。**

言葉を持たない石たちは、あなたを波動で理解します。だから説明も、言い訳も必要ありません。**あなたの本心、心の願いをキャッチしたお節介な石たちは、然るべきところに**

それを届けてくれます。それは本当の幸せに近づいていくということでもあります。

その流れの先には、思ったことがすぐ叶うという不思議な状況が待っています。ここ数年で、こんな石ないかな？　こんな人いないかな？　こんなことできないかな？　と思うと、すぐに思い通りのものや協力してくれる人に巡り会えるようになりました。**そんなことが続いていくうちに「人って本来は願ったら叶うようにできているのかもしれない……」と思うようになりました。**石を持つ前のわたしには考えられない発想です。

でも効果を期待して待つのって、けっこうつらいので、**まずは石好きになってみませんか？**　心惹かれる美しい石を見つけて、それを身近に置いて、眺めたり愛でたり話しかけることを楽しめたら、そこから予想もしていなかった素晴らしい世界がいつの間にか始まっているはずです。

【著者プロフィール】

鈴丸祥子（すずまる・しょうこ）

主婦、マクラメ作家。最近は研磨も手掛けている。原石やマクラメ編みの天然石のネックレスを販売するウェブサイト（gazebo）を運営。商品説明が顧客に好評で、石と文章の両方を楽しみにしている人が多数いる。

自身ではスピリチュアルな能力はないと思っているが、石とは気持ちが通じ合う。普通の感覚の人も、ペットを飼えばペットの性格や気持ちがわかるようになるのと同じくらいのレベルで、石と心を通じ合わせるのは可能だと考えている。実際、著者のネットショップで石を購入した顧客のなかには、初めて石からイメージやメッセージを受け取ったという人が多数いる。

●gazebo　URL：https://stonestudio.thebase.in/

石が教えてくれたこと

人って本来は願ったら叶うようにできているのかもしれない

2024年1月23日　初版発行

著者／鈴丸祥子

装幀／内海 由
編集／寺口雅彦（文筆堂）
DTP／株式会社三協美術
企画協力／NPO法人企画のたまご屋さん

発行者／今井博揮
発行所／株式会社 ライトワーカー
TEL 03-6427-6268　FAX 03-6450-5978
info@lightworker.co.jp
https://www.lightworker.co.jp/

発売所／株式会社ナチュラルスピリット
〒101-0051 東京都千代田区神田神保町3-2 高橋ビル2階
TEL 03-6450-5938 FAX 03-6450-5978

印刷所／創栄図書印刷株式会社

ISBN978-4-909298-19-5 C0095